CHINA

| 環境 | 社会 | 経済 |

中国都市ランキング

中国都市総合発展指標

INTEGRATED
CITY
INDEX

中国国家発展改革委員会発展計画司＋雲河都市研究院
周牧之＋徐林｜編著　周牧之｜訳

NTT出版

中国城市综合发展指标2016
ZHONGGUO CHENGSHI ZONGHE FAZHAN ZHIBIAO 2016
————大城市群发展战略
中国国家发展和改革委员会发展规划司 云河都市研究院 编
人 民 出 版 社 出版发行
（100706 北京市东城区隆福寺街99号）

审图号：GS（2016）2609号

China Integrated City Index 2016
Copyright © 2016 by the Department of Development Planning of
the National Development and Reform Commission (NDRC) and
Cloud River Urban Research Institute
All rights reserved

Japanese translation published by arrangement with Cloud River Urban Research Institute

発刊にあたって

周牧之
Zhou Muzhi
東京経済大学教授／経済学博士

　改革開放40年、中国は豊かさを求めて猛進し、いまや世界第2の経済大国に成長した。しかし、中国を構成する最も重要な細胞たる都市では、GDPの大競争を繰り広げてきた結果、環境汚染、乱開発、社会格差、汚職腐敗などの大問題を生じさせた。こうした状況に鑑み、中国で都市化行政を主管する中国国家発展改革委員会発展計画司と雲河都市研究院は、環境、社会、経済という三つの軸で都市を包括的に評価する〈中国都市総合発展指標〉を協力して開発した。これは都市を評価する物差しを単純なGDPから総合的な指標に変えることにより、都市をより魅力的で持続的なものへと導く試みである。

　そもそも中国の都市はこれまで外から見えづらかった。〈中国都市総合発展指標〉は中国の地級市（日本の県に近い行政単位。本文5頁参照）以上のすべての都市をカバーする包括的な指標として、都市のあり方をさまざまな角度から分析できるようにした。このことにこそ大きな価値がある。また、都市を的確に捉えるだけでなく、個々の都市の情報を集合させることにより、中国全土を従来なかったリアリティで分析できた。指標はさらに、グラフィカルな表現を駆使し、膨大な情報量を理解しやすいものにした。こうした意味では中国研究をまさに異次元の段階へ押し上げたといっても過言ではない。毎年公表するこの指標を基本素材として、さまざまな中国研究が一気に前進することが期待できるだろう。

　指標の研究開発にあたり、環境省、そして多くの日本の有識者にご協力いただいた。社会主義市場経済の道を歩む中国は、そのロジックの独特さゆえに、外から分かり難い部分が多い。中国の都市問題に普遍的なロジックを持つ物差しを日中協力で作り上げたことで、中国研究の透明度が一気に上がるだろう。この度、同指標の日本語版を刊行できたことは望外の喜びである。

　中国では今日、295の地級市以上の都市のうち116都市の常住人口が戸籍人口の規模を超えている。つまりこれらの都市に外部から人口が流入し、実際の人口規模を示す常住人口が、戸籍制度で確定された固有の人口規模を超えている。常住人口から戸籍人口を差し引いた数が、人口の超過部分である。この超過人口は、上海市では987.3万人、北京市では818.6万人、深圳市では745.7万人に達している。これらが流入人口規模の大きい上位3都市である。

　他方、常住人口が戸籍人口より少ない都市も179都市にのぼる。これらの都市から他都市へと人口が流出している。このなかでは重慶市が383.8万人、周口市が356.4万人、商丘市が345万人、戸籍人口より実際上の人口が少なくなっている。これら3都市は中国では人口流出規模が最も大きい。

　上記データは現在の中国における人口移動の激しさをリアルに表している。都市化による大

規模な人口移動がすでに中国のすべての都市に多大な影響を与えている。

　都市化は中国近代化の主旋律であり、経済成長のエンジンである。また、中国の経済社会構造の大変革も引き起こしている。

　本来、都市化がもたらす大変革を見据えて、中国は財政制度、戸籍制度、社会保障制度、土地制度などの制度改革を先行させる必要がある。だが、残念なことに、急激な都市化の波に比べ、中国では都市化に関する政策や制度の議論はいまだ充分に行われていない。それによって大きな社会的、経済的弊害がもたらされている。

　都市計画制度上の欠陥も都市発展に大きなマイナス影響を及ぼしている。計画のない都市空間は一種の悪夢のようなものであるが、拙劣な都市計画もまた然りである。

　本来、都市計画は気候風土に考慮し、総合的で長期的な戦略をもって策定されなければならない。しかし中国の現行の計画策定はメカニズム上、これがきちんと踏襲されていない。中国の都市建設の関連計画は、非常に細分化され、発展計画、都市計画、土地利用計画、交通計画、環境計画、産業計画などが異なる行政部門で縦割りに策定されている。縦割り行政はどこの国にも見られるが、計画経済の余韻を残す中国ではよりたちが悪く、各部門間の連携がなされていないことが多い。ゆえに急速に膨らんできた中国の都市では空間配置のアンバランス、交通網の未整備、生態環境の破壊といった問題が生じている。

　これまでの中国都市化はマクロ的に見てもミクロ的に見ても、その急激な進行度合いに比べて、ビジョン作りや制度作りが大変に遅れていた。原因の1つは数字による分析と管理能力の欠如にある。アメリカで活躍していた著名な中国人歴史家の黄仁宇氏は、中国の歴史上最大の失策は、数字による管理の欠如にあると指摘した。この欠陥の遺伝子がいまなお受け継がれている。

　近年、"主体功能区"、"新型都市化"などの斬新な政策が相次いで出され、都市化によい方向性が示された。こうした政策を今後いかに具体化し、そして評価監督していくかが試されている。

　そのため、中国では、政策と計画をサポートする指標システムの整備が急務である。つまりマクロ的には都市化政策を考案する物差しとして、ミクロ的には、都市計画のツールとして、さらに政策と計画を評価するバロメーターともなる指標が必要である。

　上記の考え方のもとに、専門領域も国の違いも超えた有志で構成する〈中国都市総合発展指標〉研究チームが、中国都市化における問題のありかを探り、国内外の経験と教訓を整理し、定量化した都市評価システムを開発した。中国の都市に「デジタル化された規範」を提示できた。〈中国都市総合発展指標〉は以下の三大特徴がある。

①「生態環境」をより広義に評価

　これまでの急速な工業化と都市化の中で、環境汚染や生態破壊などの問題が中国で深刻化し

た。これに対して、中国政府は2014年に打ち出した「国家新型都市化計画」で、「生態文明」理念を高々と掲げ、「生態環境」を新型都市化の鍵とした。以来、中国では、「エコタウン」や「美しい村」を探すブームが広がった。しかしそれらは自然環境に恵まれた中小都市や辺境の村がほとんどであった。近代的な都市を分析評価するものではなかった。

　環境、社会、経済の三大項目で構成する〈中国都市総合発展指標〉は、より広義に「生態環境」をとらえ、総合的に都市を評価する。同指標は、単に環境関連の指標にのみ焦点を置くのではなく、同時に、経済や社会の指標にも「生態環境」を求めた。

　こうした意味では、単純にGDP、鉄道、道路などハード面を測る指標とは異なり、〈中国都市総合発展指標〉が提唱するのは、発展の質である。同指標は狭義の環境要因だけを評価するものではない。生態環境の質はもちろん、経済の質、空間構造の質、生活の質、そして人文社会の質など幅広い内容を評価の対象としている。

② 簡潔な構造で都市を可視化

　中国の都市化が向き合う問題と課題とを整理し、内外の経験と教訓を吸収したうえで都市のあり方を数値化し、指標化する作業そのものが、困難極まりないチャレンジであった。4年間にわたる専門家による研究討論の積み重ねで、〈中国都市総合発展指標〉は、簡潔な3×3×3構造を作り出した。環境、社会、経済の三大項目は、それぞれ3つの中項目で構成され、9つの中項目指標がさらに各々3つの小項目で構成されている。各小項目指標はまた、1つあるいは多くのデータで支えられている。

　このような3×3×3構造の指標体系は膨大なデータに裏付けされたものである。しかし中国では指標を支えるデータの収集と整理自体が、大変に困難で煩雑な作業であった。中国では都市ごと、部門ごと、年度ごとにデータのフォーマットが異なり、統一性や連続性に欠けていた。データの信憑性も大きな問題であった。加えて多くのあるべきデータ自体が存在していなかった。

　〈中国都市総合発展指標〉では、データを選定する際に、特にその信憑性のチェックを重視した。と同時に、統計データ以外に、できる限りビックデータを集め、さらに最新のIT手法で膨大なビックデータを指標用データに仕立て直した。また、衛星リモートセンシングデータと地理空間データをも存分に活用した。

　こうした努力を積み重ね、初めて中国の295の地級市以上の都市を網羅した評価システムを完成させた。

③ 先鋭な問題意識

　〈中国都市総合発展指標〉は、都市の構造と内容を立体的に分析するフレームワークを作り上げた。中国の都市発展の質的向上を促す同指標は、リアリティのある問題意識と先進的な理念を

掲げる使命を負った。

　指標の「環境」重視、文化伝承への関心、発展の質の追求などは、すべてこうした使命感から来るものである。

　たとえば、〈中国都市総合発展指標〉はDID（Densely Inhabited District：人口集中地区　本文157頁参照）という斬新なコンセプトを中国で初めて導入した。さらに衛星リモートセンシングの力を借り、中国における都市人口分布の分析に成功した。こうした人口分布とDID分析を重ねた結果、中国では、ほとんどの都市でスプロール化の問題をかかえていることがわかった。こうした構造的問題が、まさに交通問題、環境問題、不便な生活、サービス産業の未発達など諸々の都市問題の根っこにある。

　都市の最大の問題は、人口問題である。数十年にわたりアンチ都市化政策を取ってきた中国の為政者たちはこの点に関して未だ意識が低い。億単位の人たちが農村部から都市へすでに移動している今日でも、人口を分断する戸籍問題の抜本的な改革は成されていない。さらに、北京、上海などの代表的な都市では、いま人々を外に追い出す動きが見られる。

　〈中国都市総合発展指標〉はDID概念を導入し、人口の集積の大切さを中国で広げ、中国の都市がより活力と魅力ある高密度な空間作りに向かう指針を示すように努める。

プロジェクトメンバー
中国都市総合発展指標

中国都市総合発展指標専門委員長・本書編著者

周牧之	東京経済大学教授
徐　林	中国城市和小城鎮改革発展センター主任
	元中国国家発展改革委員会発展計画司〔局〕司長〔局長〕

首席専門委員

楊偉民	中国共産党中央財経領導小組弁公室副主任
	中国人民政治協商会議常務委員

専門家委員 （アルファベット順）

陳亜軍	中国国家発展改革委員会発展計画司司長
杜　平	中国第13次５ヵ年計画専門家委員会秘書長
	元中国国家信息センター常務副主任
胡存智	元中国国土資源部〔省〕副部長〔副大臣〕
胡俊凱	新華社日本総局副社長
南川秀樹	東京経済大学客員教授、日本環境衛生センター理事長
	元環境事務次官
明暁東	中国駐日本国大使館公使参事官
穆栄平	中国科学創新発展研究センター主任
大西隆	豊橋技術科学大学学長、元日本学術会議会長、東京大学名誉教授
武内和彦	東京大学国際高等研究所サステイナビリティ学連携研究機構機構長・特任教授
	中央環境審議会会長、元国際連合大学上級副学長
田舒斌	新華網董事長・総裁
山本和彦	森ビル都市企画代表取締役社長
横山禎徳	東京大学EMP特任教授、元マッキンゼー東京支社長
岳修虎	中国国家発展改革委員会価格司司長
張仲梁	中国国家統計局社会科学技術文化産業司司長
周其仁	北京大学教授

指標開発実務チーム主要メンバー

杉田正明	雲河都市研究院研究主幹
甄雪華	雲河都市研究院主任研究員
栗本賢一	雲河都市研究院主任研究員
数野純哉	雲河都市研究院主任研究員
趙　建	雲河都市研究院主任研究員
朱衛寧	雲河都市研究院主任研究員

謝　辞

　中国都市総合発展指標の作成にあたり、環境省大臣官房と中国国家発展改革委員会発展計画司による提携「都市化と環境問題における日中協力メカニズム」に多大なご支援をいただいた。双方の責任者である徐林主任と、中井徳太郎環境省総合環境政策統括官に謝意を表したい。

　また、下記国内外の有識者のご協力に、厚くお礼を申し上げたい。

安斎隆（セブン銀行代表取締役会長、元日本銀行理事）、安藤晴彦（経済産業省戦略輸出交渉官）、藤野純一（国立環境研究所主任研究員）、藤田壮（国立環境研究所社会環境システム研究センター長）、Ico Migliore（Migliore+Servetto Architects CEO）、井手孝利（チェリーテラス相談役）、石井喜三郎（駐ルーマニア大使、元国土交通省国土交通審議官）、岸本吉生（経済産業研究所理事）、小手川大助（キャノングローバル戦略研究所研究主幹、元IMF理事）、Mario Bellini（Mario Bellini Architects CEO）、三輪恭之（森記念財団都市戦略研究所主席研究員）、森本章倫（早稲田大学教授）、岡部明子（東京大学大学院教授）、岡崎雄太（上智大学地球環境学研究科准教授）、太田勝敏（豊田都市交通研究所所長、東京大学名誉教授）、迫慶一郎（SAKO建築設計工社社長）、瀬田史彦（東京大学准教授）、島田明（日本電信電話常務取締役）、白石克孝（龍谷大学教授）、染野憲治（国際協力機構長期専門家）、鈴木正俊（ミライト・ホールディングス代表取締役社長）、高瀬真尚（ズノー代表取締役）、武田信二（東京放送ホールディングス代表取締役社長）、竹岡倫示（日本経済新聞社専務執行役員）、戸田英作（地球環境戦略研究機関統括研究プログラムマネージャー）、土屋了介（元神奈川県立病院機構理事長）、薛鳳旋（北京大学客員教授、香港大学名誉教授）、矢作弘（龍谷大学教授）、袁喜禄（中国国家工商総局総合司司長）、朱暁明（中国江蘇省発展改革委員会主任）

(敬称略、アルファベット順)

　本指標の知見は二十数年にわたる一連の日中間の政策交流、調査研究から得られたところが大きい。ご指導、ご協力いただいた方々に厚くお礼を申し上げたい。

阿部和彦（日本開発構想研究所業務執行理事）、新井良亮（ルミネ取締役会長）、有賀雄二（勝沼醸造社長）、陳昊蘇（元北京市人民政府副市長、元中国人民対外友好協会会長）、Ezra Vogel（米ハーバード大学名誉教授）、福川伸次（東洋大学理事長、元通商産業事務次官）、船橋洋一（アジア・パシフィック・イニシアティブ理事長、元朝日新聞社主筆）、後藤健市（スノーピーク取締役）、畑中龍太郎（元駐コロンビア大使、元金融庁長官）、林正和（元日本取引所グループ取締役会議長、元財務事務次官）、星野進保（元経済企画事務次官、元総合研究開発機構理事長〔故人〕）、伊藤誠（東京大学名誉教授）、鎌谷直之（スタージェン会長、（財）痛風財団理事長）、加藤紘一（元自民党幹事長〔故人〕）、河合三良（元行政管理事務次官、元国際開発センター会長〔故人〕）、北野尚宏（元JICA研究所所長）、清成忠男（事業構想大学院大学顧問、元法政大学総長）、今野修平（元大阪産業大学大学院教授）、李肇星（元中国外交部部長、元中国全国人民代表大会外事委員会主任委員）、劉進慶（東京経済大学名誉教授〔故人〕）、前多俊宏（エムティーアイ代表取締役社長）、増田祐司（元東京大学大学院教授、元島根県立大学副学長〔故人〕）、森本英香（環境事務次官）、野村昭夫（東京経済大学名誉教

授〔故人〕）、任仲夷（元広東省共産党委員会書記〔故人〕）、櫻田幸久（元日本国際協力システム専務理事、元
JICA中国事務所所長）、鮫島敬治（元日本経済新聞社専務、元日本記者クラブ理事長〔故人〕）、塩谷隆英（元
経済企画事務次官、元総合研究開発機構理事長）、白井衛（ぴあ取締役）、杉本和行（公正取引委員会委員長、
元財務事務次官）、隅谷三喜男（東京大学名誉教授〔故人〕）、高木勇樹（日本プロ農業総合支援機構理事長、
元農林水産事務次官）、田中直毅（国際公共政策研究センター理事長）、田中修（東京大学EMP講師、元財務
総合政策研究所副所長、元税務大学校長）、田中琢二（財務省副財務官）、唐聞生（元中国日報〔CHINA DAILY〕
副総編集長、元中国宋慶齢基金会副主席）、陶斯亮（元中国市長協会副会長）、瓜生健太郎（瓜生・糸賀法律事
務所代表、弁護士）、薮田仁一郎（元国際開発センター理事長）、柳沢香枝（駐マラウイ大使、元国際協力機
構理事）、保田博（産業遺産国民会議代表理事、元大蔵事務次官）、谷津龍太郎（中間貯蔵・環境安全事業代表
取締役社長、元環境事務次官）、吉澤保幸（場所文化フォーラム名誉理事）、于光遠（元中国社会科学院副院長、
元中国国家科学技術委員会副主任〔故人〕）、趙啓正（元中国国務院新聞弁公室主任、元全国政治協商会議外事委
員会主任）、朱英璜（中国太平洋経済合作全国委員会副会長、元中国日報総編集長）

（敬称略、アルファベット順）

　指標の検討の過程で環境省「環境保全と都市化に係る協力メカニズム　形成等基礎調査」を取り
まとめた竹内正興国際開発センター代表取締役、小室雪野同主任研究員にお礼申し上げる。
　中国版出版にあたり、人民出版社の李春生副社長をはじめ鄭海燕経済編集室主任、孟雪編集に多
大なお力添えを頂いた。また、このたび日本語版出版にあたり、NTT出版の長谷部敏治社長を始
め、横山秀行常務取締役、齋藤公孝出版本部副本部長、および編集担当賀内麻由子氏、製作担当松
田七重氏の多大なご尽力にお礼申し上げたい。

　企画協力：東京経済大学周牧之研究室、株式会社ズノー
　グラフィックデザイン協力：都市研究室エイチシーラボ
　ブックデザイン協力：林裕也

（敬称略、肩書きは本書出版時のものである）

環境・社会・経済
中国都市ランキング

発刊にあたって	周牧之	i
プロジェクトメンバー		v
謝辞		vi
日本語版刊行によせて	安斎隆／大西隆／武内和彦／楊偉民	xi

第1部　〈中国都市総合発展指標〉と都市ランキング　　　　　　1

第1章　〈中国都市総合発展指標〉とは　　　　　　3

1	指標対象都市	4
2	指標構成	8
3	指標ランキング方法	10
4	指標一覧表	11

第2章　中国都市ランキング｜トップ20都市　　　　　　15

1	総合ランキング	16
2	環境ランキング	18
3	社会ランキング	20
4	経済ランキング	22

第3章　中国都市ランキング｜トップ10都市分析　　　　　　25

第1位	北京市	26
第2位	上海市	34
第3位	深圳市	42
第4位	広州市	50
第5位	天津市	58
第6位	蘇州市	66
第7位	杭州市	74
第8位	重慶市	82
第9位	南京市	90
第10位	武漢市	98

第4章　図で見る中国都市パフォーマンス　　107

1	気候快適度	108
2	降雨量	109
3	森林面積率	110
4	農地比率	111
5	空気質指数（AQI）	112
6	PM$_{2.5}$指数	113
7	1人当たり水資源量	114
8	歴史遺産	115
9	国内旅行客数	116
10	海外旅行客数	117
11	卸売・小売輻射力	118
12	医療輻射力	119
13	文化・スポーツ・娯楽輻射力	120
14	高等教育輻射力	121
15	科学技術輻射力	122
16	金融輻射力	123
17	人口流動：流入	124
18	人口流動：流出	125

第2部　メインレポートとレビュー　　127

第5章　メインレポート｜メガロポリス発展戦略　　周牧之　129

1	現状と課題	130
2	珠江デルタメガロポリス	165
3	長江デルタメガロポリス	178
4	京津冀メガロポリス	191
5	成渝メガロポリス	203

第6章　専門家レビュー　　215

1	普遍性ある新たな指標体系	横山禎徳	216
2	新型都市化を推し進める「指揮棒」	周其仁	219
3	フラットではない中国をリアルに	張仲梁	221

巻末資料　指標項目詳細　　225

日本語版刊行によせて

安斎隆

Anzai Takashi
セブン銀行代表取締役会長

プロフィール
1941年生まれ。1963年日本銀行入行。新潟支店長、電算情報局長、経営管理局長、考査局長を経て1994年理事。アジア通貨危機に直面しアジア各国を奔走。1998年日本長期信用銀行頭取。2000年8月イトーヨーカ堂顧問、2001年4月アイワイバンク銀行（現セブン銀行）代表取締役社長。全国に24,000台超のATMサービスを実現。2010年6月より現職。

　本書を手にして、「よくぞかくも斬新なアイデアから生み出されたものだ」と感心し、しばらくすると「当然あってしかるべき研究成果」であり、これからは多くの企業が真剣にこの書を参考にして進出先の選定にあたり、若い学生たちは就職先を選ぶ時の手がかりの一つにするのではないか、との印象をもった。さらに重要なことは指標対象となった都市の行政は、総合指標の改善を目指すのか、特色ある都市発展のために力を入れるべきテーマを絞るのかという、新しい試みが生まれるであろうと、わくわく感を与えてもらった。

　ところで私は、鄧小平氏が登場していよいよ中国の改革開放路線が始まろうとしていたとき、ある中国人の国際政治研究者が中国の将来に向けて為政者が自戒すべきことの第一として、「巨象も流砂に倒れる」ということをいつも念頭においておくことを挙げられたのを記憶している。同氏の主張には、流砂になるリスクは自国の人民のみならず、周辺諸国にもあると指摘していた。

　その後40年間、中国は激動する世界の政治経済に翻弄されながらも、この戒めから逸れることなく顕著な前進を遂げてきた。とくに経済面では、改革開放路線の下で1990年代から2010年までの成長は著しく、ＧＤＰで日本を抜き米国に次ぐ世界第2の大国となった。もちろん歴史を遡れば18世紀ごろまでの、経済が農業主体であった時代には中国が世界第1位の経済大国であった。その後産業革命による技術の発展、分業化・工業化の進展、貿易の活発化により世界の成長センターは欧州、米国へと移っていった。この経済発展は都市化をもたらし、都市化が経済成長をさらに促していった。まさしく農業時代にはほとんど見られなかった経済成長が実現したのは、工業化と都市化の賜物でもある。遅ればせながら中国の世界経済大国への復帰も、この路線に乗るものであった。

　しかしこの経済成長は国民経済の厚生上大きな問題を引き起こした。公害であり、自然災害の増大等の環境破壊であり、農山村地域と都市地域との貧富の格差拡大、それが誘発する働き手人口の大移動、住居・

教育・医療問題のひずみ等である。とくに短期間に高度成長を実現し
てきた国ほどその問題は深刻なものとなった。まず日本がそうであっ
たし、中国はその日本に輪をかけるほど直面する課題が大きい。国土
が広大な中国にとって、地域間の成長や所得の格差をならし、均衡あ
る発展に導くことは至難である。全体の成長速度を抑えれば格差のよ
り深刻な拡大を抑え込むことはできても、そこからは格差是正の芽は
生まれてこない。国家の資金配分機能や国有企業、国有銀行の活用も
考えられるが、そうした政策の常態化はモラルハザードを生み、経済
の効率性を阻害し、自立的な都市の発展に逆行するであろう。

　結局は冒頭でも述べたように本書の報告に沿って、各都市当局が競
争的に次回の指標改善の努力を続けることではなかろうか。なお医療
や教育分野について指標に加えたことも特に評価に値すると思うと同
時に、わが国にも本書の共同研究者のようなチャレンジ精神を持った
人材がでてくることを切望する。

大西隆

Onishi Takashi

豊橋技術科学大学学長
元日本学術会議会長
東京大学名誉教授

プロフィール

1948年生まれ。1980年東京大学工学系研究科博士課程を修了（都市工学専攻）、工学博士。長岡技術科学大学助教授、アジア工科大学院助教授、MIT客員研究員、東京大学工学部助教授等を経て、1995年から2013年3月まで東京大学大学院工学系研究科教授、その間同先端科学技術研究センター教授、2013年5月から東京大学名誉教授、2013年4月から2014年3月まで慶応義塾大学大学院政策・メディア研究科特別招聘教授。また、2011年10月から2017年9月まで日本学術会議会長。2014年4月から豊橋技術科学大学学長、2015年から2年間、一般社団法人国立大学協会副会長、現同理事。2011年10月から2017年9月まで、内閣府総合科学技術・イノベーション会議議員。専門分野は、国土計画、都市計画。

主な著作

『逆都市化時代』（2004年、単著、学芸出版社）、『都市を構想する』（2004年、共編著、鹿島出版会）、『東日本大震災 復興への提言――持続可能な経済社会の構築』（2011年、共編著、東京大学出版

中国が人口大国であることは日本人の誰もが認識しているだろう。しかし、一人っ子政策の効果もあって、2030年には中国の人口はピークを迎える。その前に、2020年代にはインドに国別人口世界第1位の座を明け渡すと国連は予測している。一方で、中国の都市人口の割合は、国連予測の終年である2050年まで上昇の一途をたどり、都市人口数のピークとなる2045年には10.5億人に達する。2015年から2045年の間に、総人口はほぼ横ばいであるものの、都市人口は2.7億人増加する。つまり、中国では、人口そのものは安定に向かいつつも、農村から都市への人口移動が中国の人々、社会、そして国土や環境に大きな影響を与え続けることになる。

〈中国都市総合発展指標〉が注目されるのは、こうした都市化のうねりが何をもたらしているのかを、総計133の指標で多角的に明らかにしているからである。都市化＝農村から都市への人口移動と先に述べたが、それは必ずしも妥当な表現とは言えない。なぜなら、都市であっても、上海市や北京市のように常住人口が戸籍人口を大幅に上回る人口流入都市がある一方で、常住人口が戸籍人口を下回る人口流出都市があるというように都市から都市への人口移動も起こっているからである。中国の都市は、都市化に伴う問題に直面するとともに、かつて筆者が日本の都市で指摘した逆都市化、すなわち都市人口の減少に伴う問題を抱える都市があるという複雑な様相を呈している。

こうした状況の下では、都市を、誰にとってもより豊かで、住みやすく、持続的なものとするための都市政策は、1つのタイプに限定されるべきではない。さらなる都市化の過程にある都市における都市政策と、人口流出に伴う空洞化などに対処しなければならない都市におけるそれとは自ずから目的や内容が異なるからである。

〈中国都市総合発展指標〉は、それぞれの都市の現状を、数字によって示すことを目的としている。そのことを通じて、都市が抱えている問題、解決するべき課題が浮かび上がってくる。すでに中国版が提供され、都市政策のあり方に関する種々の議論を起こしていると聞く。特

に、環境、社会、経済という大きく３つに分けた分野で、多数の個別指標を、都市ごとに、可能な限り統一的に掲載しているので、都市の居住環境、社会状況から、経済的な発展に至るまで、各都市の位置を知り、比較しつつ考えることができるというエビデンスベースの都市政策立案に大きな貢献をなすと期待できる。

　日本と中国は、文字通り一衣帯水の関係にあり、相互に訪問する機会も多く、それぞれの都市を舞台にしたビジネス活動も今後さらに盛んになる。したがって、日本の企業や研究者にとっても、中国をより深く知ることは大きな関心事であろう。これまで、多くの日本人にとっては、中国を知るとはその長い歴史を知り、日本に与えてきた様々な影響を理解することが中心であったかもしれない。

　しかし、本指標は、こうした歴史的理解とは少し異なる切り口、すなわち現代の中国都市社会を客観的に把握する格好の手段を与えてくれる。特に、第２次大戦後の、いや改革開放以降の約40年間において、都市を中心に展開されてきた中国の急速な工業化・近代化が、どのような都市社会を形成してきたのかを理解することは、現代中国を理解するうえで不可欠である。可能な限り統一的にデータを収集、作成するという、種々の困難を伴う画期的な試みによって、本書はこのテーマに挑戦した。本書を通じて、日本人の中国理解がより深まることを期待したい。

会）、『東日本大震災――復興まちづくり最前線』（2013年、共編著、学芸出版社）、『日本経済　社会的共通資本と持続的発展』（2014年、共著、東京大学出版会）など。

武内和彦

Takeuchi Kazuhiko

東京大学国際高等研究所サステイナビリティ学連携研究機構機構長・教授
中央環境審議会会長
元国際連合大学上級副学長

プロフィール

1951年生まれ。東京都立大学助手、東京大学農学部助教授、同アジア生物資源環境研究センター教授を経て、1997年より2012年まで同大学院農学生命科学研究科教授。2012年より同高等研究所サステイナビリティ学連携研究機構機構長・教授。2008年より国際連合大学副学長、2013年より同上級副学長、国際連合事務次長補を併任。日本学術会議副会長、中央環境審議会長、公益財団法人地球環境戦略研究機関理事長、国際学術誌 Sustainability Science（Springer Japan）編集委員長などを兼任。

主な著作

『環境時代の構想』（2003年、東京大学出版会）、『ランドスケープエコロジー』（2006年、朝倉書店）、『地球持続学のすすめ』（2007年、岩波ジュニア新書）、『サステイナビリティ学4 － 生態系と自然共生社会』（2010年、共編著、東京大学出版会）、『世界農業遺産　注目される日本の里地里山』（2013年、祥伝社新書）、『日本の自然環境政策　自然共生社会をつくる』（2014年、共編著、東京大学出版会）など。

　都市化が急激に進む中国においては、都市の低炭素化と持続可能な経済発展とをいかに両立させていくのかが大きな課題である。エネルギーの消費が急激に増加し、CO_2の排出が世界最大規模になった中国では、居住環境の劣化、交通環境の悪化、水質の汚濁、大気の汚染等、さまざまな問題が生じている。また拡大する都市は生態系に悪影響を及ぼし、生物多様性の減少や、自然資本の劣化をもたらしている。

　中国をはじめ急激に成長するアジア都市では、地球環境問題への対応と地域の環境汚染改善を一体的に考える新しいスキームが求められる。私は、エネルギーの低炭素化（Energy）、水質・大気改善、適正廃棄物処理などの地域環境の改善（Environment）、都市と自然の共生（Ecosystem）を統合的に捉える3Eネクサスのアプローチによる生態都市の創造を提唱している。〈中国都市総合発展指標〉は、こうした3Eネクサスに示されるような、グローバルな視点とローカルな視点を融合させ、国際社会に対しても大きなインパクトをもつ統合的な都市指標である。

　3Eネクサスの考え方を踏まえると、都市の持続可能な発展のためには、三つの大きな社会のビジョンを目指し、それらを統合化させるアプローチをとることが重要である。

　一つ目は低炭素社会で、エネルギーの低炭素化と気候変動の緩和を進めるとともに、地域の水質・大気環境改善との同時達成を目指すものである。とくに成長するアジア都市では、依然としてエネルギー利用が拡大しており、再生可能エネルギーへの大転換やエネルギー効率の飛躍的な向上を図らない限り持続可能性は保証されない。

　二つ目は循環型社会で、天然資源と廃棄物量を最小化し、リデュース、リユース、リサイクルの原則で資源を循環的に利用することにより持続可能性を高めていこうとするものである。アジア都市では、都市内の資源循環を進めるとともに、建築物やインフラストラクチュアーの更新においても、資源の循環利用を進める必要がある。

　三つ目は自然共生社会で、人間と自然がお互いに相乗効果を生み出

すことができるような社会をつくりあげていこうというものである。ア
ジア都市の周辺部では、森林や農地などの良好な農村環境が維持され
る必要がある。都市は、そうした農村環境が提供する生態系サービス
を享受する一方、農村に対してさまざまな支援を行っていくことで、両
者のバランスが取れた豊かな自然共生社会をつくりあげていくことが
できる。

　その多くがデルタに位置するアジア巨大都市は、とりわけ気候変動
による海面上昇、豪雨・洪水などの極端気象の多発などにより、深刻
な被害を受ける可能性が高い。上記3つの社会像の統合による持続可
能な社会を目指すことは、こうした被害を軽減するための気候変動適
応策としても重要であると考えられる。そうした問題意識を行政や市
民と共有し、着実に対策を講じ、その成果をモニタリングしていく必
要がある。

　その際、非常に複雑な都市システムを俯瞰的・統合的に捉えること
が、行政や市民の理解を促すうえで重要となる。都市を支える人工資
本とともに、人的資本や自然資本にも注目し、各都市の現状を捉え、そ
のあるべき持続可能な将来像に導いていく必要がある。

　本書が扱う〈中国都市総合発展指標〉は、持続可能な開発の三側面
である環境、社会、経済を大項目に据え、発展活力、生活品質、自然
生態などの中小項目を置いて、中国の都市を評価するとともに、その
発展の方向性を具体的に示すものである。

　〈中国都市総合発展指標〉のもう1つの大きな特徴は、表現力に富ん
だグラフィックを多用することで膨大な情報をわかりやすく提示して
いることである。このような指標の「見える化」により、中国都市化
の現状や各都市の抱える問題と今後のあり方についての認識が高まり、
持続可能な都市発展に貢献すると期待される。

楊偉民

Yang Weimin
中国共産党中央財経領導小組弁公室副主任
中国人民政治協商会議常務委員

中国国家発展改革委員会発展計画司と雲河都市研究院が共同研究制作した〈中国都市総合発展指標〉は、中国における都市の発展状況を全く新しい視点でまとめ上げた報告書であり、正に総合的で発展的な都市評価指標である。これまでのように経済発展の成果を見るだけでは、都市の発展を語るには十分ではない。その意味では社会、環境の指標が欠けていれば、たとえ経済面の指標が多数あったとしても、都市を総合的に評価できたとは言えない。

都市の発展には、空間における均衡発展の理念と原則の確立が欠かせない。空間における均衡発展とは、都市という空間の中で、人口（社会）、経済、環境資源という三者間の均衡を実現することである。都市空間における均衡発展の理念と原則の確立は、人間と自然との調和のとれた都市化をはかるために重要な意義を持つ。

現在、一部地域における生態環境の悪化は、当該都市の人口規模や生活水準を向上させるための経済開発が、当該地の環境資源のキャパシティを超え、都市空間における均衡が崩れたゆえである。経済発展のみを優先させるあまり、「発展権」に基づいた経済開発が横行し、生態環境の悪化をもたらしている。

生態環境が一旦破壊されると、退耕還林（耕作を中止し耕地を元の林に戻す）、退牧還草（放牧をやめ、草地を元に戻す）、水土流失（土壌の流失）対策、風砂被害対策、砂漠化防止対策などの「生態環境対策事業」に膨大な資金を投じなければならない。また、渇水や環境悪化が人々の生活に影響を及ぼすたびに、遠隔地送水事業、汚染対策事業に奔走することになる。

実際、中国の一部の都市では現在、「都市病」が蔓延している。都心部の過密化、住宅価格の高騰、著しい交通渋滞、充満するスモッグなどに苦しめられている。

〈中国都市総合発展指標〉は、環境、社会、経済の３つの視野で都市の発展を評価し、都市空間における均衡発展を重視する真の意味での都市の総合発展評価である。このような都市発展評価は、まさしく科

プロフィール

1956年生まれ。中国国家発展改革委員会発展計画司司長、同委員会副秘書長、秘書長を歴任。2011年より現職。
マクロ経済政策と中長期計画の研究及び策定に長年従事。「第9次5カ年計画」「第10次5カ年計画」「第11次5カ年計画」「第12次5カ年計画」の綱要作成を取りまとめた。
中国共産党「第十八回全国代表大会」、「第18回三中全会」、「第18回四中全会」「第18回五中全会」報告書の作成に携わる。中国共産党中央経済体制改革小組及び同中央生態文明体制改革小組メンバーであり、中国共産党中央及び政府の重要な改革及び政策立案に参画。

主な著作

『中國未來三十年』（2011年、三聯書店〔香港〕、周牧之と共編）、『第三个三十年：再度大转型的中国』（2010年、人民出版社〔中国〕、周牧之と共編）、『中国可持续发展的产业政策研究』（2004年、中国市場出版社〔中国〕編著）、『规划体制改革的理论探索』（2003年、中国物価出版社〔中国〕編著）。

学的かつ包括的な評価であり、中国の都市の持続的な発展に大きく寄
与する。

　これまでの30年間、中国では数億の人口が農村から都市に流入した。
今後さらに数億の人口が都市に流入するであろう。これは今後中国が
直面する最大の圧力である。その人口大移動によって最も影響を受け
るのは生態環境である。その意味では中国のこれからの都市発展は、煌
めく星空、美しい河川、朗らかな鳥の声を犠牲にする経済規模の拡大
や道路の拡張、高層ビルの林立であってはならない。

　中国の都市は、生態文明の理念を堅持し、生態環境を重視する都市
発展を進めなければならない。土地、水、エネルギー等の資源を節約
し、自然へのダメージを最小限に抑えなければならない。生態安全を
重視し、森林・湖沼・湿地などの環境生態空間の比重を増やし、さら
には汚染物質の排出総量を減らすことも肝要である。

　〈中国都市総合発展指標〉は、応用可能な環境、社会、経済指標を体
系的に示している。各都市は自らの指標を精査し、どの分野で滞りが
あるかを見出し、改善に向けて努力すべきである。〈中国都市総合発展
指標〉はただの評価指標ではなく、都市の今後進むべき道を指し示す
ものでもある。

第1部 〈中国都市総合発展指標〉と
都市ランキング

1

〈中国都市総合発展指標〉とは

1. 指標対象都市

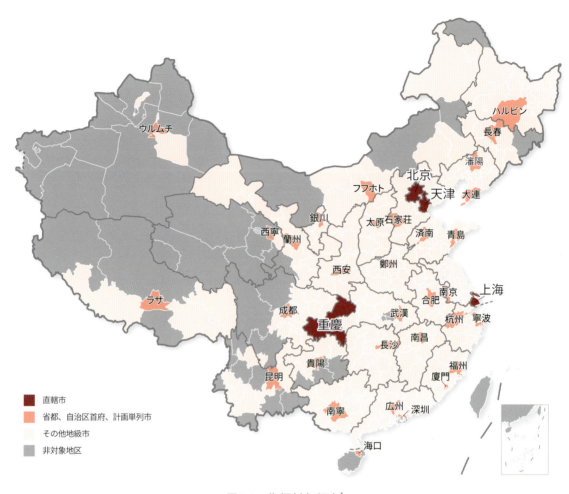

図1-1　指標対象都市[1]

指標対象都市

〈中国都市総合発展指標2016〉は、地級市（地区級市）以上の都市を研究分析と評価対象とする。すなわち以下の直轄市、省都、地級市の行政区分を対象都市としている（図1-1、1-2参）。

- **直轄市**（4都市：北京市、天津市、上海市、重慶市）
- **特別行政区**（香港、マカオ）
- **省都・自治区首府**（27都市：石家荘市、太原市、フフホト市、瀋陽市、長春市、ハルビン市、南京市、杭州市、合肥市、福州市、南昌市、済南市、鄭州市、武漢市、長沙市、広州市、南寧市、海口市、成都市、貴陽市、昆明市、ラサ市、西安市、蘭州市、西寧市、銀川市、ウルムチ市）
- **計画単列市**[2]（5都市：大連市、青島市、寧波市、厦門市、深圳市）
- **その他地級市**（259都市）

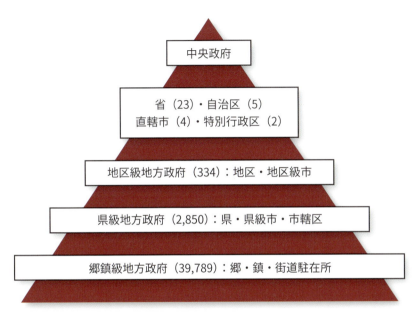

図1-2　中国の行政階層

出典：中国国家統計局『中国統計年鑑』、国土資源部資料より作成。

中国の行政区分

　現在、中国の地方政府には省・自治区・直轄市・特別行政区といった「省級政府」と、地区級、県級、郷鎮級という４つの階層に分かれる「地方政府」がある。都市の中にも、北京、上海のような「直轄市」、蘇州、無錫のような「地級市（地区級市）」、昆山、江陰のような「県級市」の３つの階層がある。

　なお、地級市は市と称するものの、都市部と周辺の農村部を含む比較的大きな行政単位であり、人口や面積といった規模は、日本の市より県に近い。

　また、地級市の中でも有力な市は「計画単列市」と称され、行政管理上直轄市に準じる権限が与えられている。日本で言えば、政令指定都市に似た扱いの都市である。現在、計画単列都市は、大連、青島、寧波、廈門、深圳の５都市である。

1　図1-1は、〈中国都市総合発展指標2016〉のデータより作成。本書では、その後に特に明記のない限り、データはすべて〈中国都市総合発展指標2016〉によるものである。なお、本書の中で使用するすべての地図は指標の意図を視覚的に表現する意味で作成した「参考図」であり、本来の意味での地図ではない。

2　計画単列市は、日本の政令指定都市に相当する。

表1-1　指標対象都市一覧表

地　級　市　以　上			
華北地区 33 都市	**東北地区** 34 都市	**華東地区** 78 都市	
北京市（直轄市）	**遼寧省** 14 都市	**上海市**（直轄市）	**江蘇省** 13 都市
天津市（直轄市）	瀋陽市（省都） 大連市（計画単列市） 鞍山市 撫順市 本渓市 丹東市 錦州市 営口市 阜新市 遼陽市 盤錦市 鉄嶺市 朝陽市 葫芦島市	**福建省** 9 都市	南京市（省都） 無錫市 徐州市 常州市 蘇州市 南通市 連雲港市 淮安市 塩城市 揚州市 鎮江市 泰州市 宿遷市
河北省 11 都市		福州市（省都） 廈門市（計画単列市） 莆田市 三明市 泉州市 漳州市 南平市 竜岩市 寧徳市	
石家荘市（省都） 唐山市 秦皇島市 邯鄲市 邢台市 保定市 張家口市 承徳市 滄州市 廊坊市 衡水市			
		江西省 11 都市	**浙江省** 11 都市
	吉林省 8 都市	南昌市（省都） 景徳鎮市 萍郷市 九江市 新余市 鷹潭市 贛州市 吉安市 宜春市 撫州市 上饒市	杭州市（省都） 寧波市（計画単列市） 温州市 嘉興市 湖州市 紹興市 金華市 衢州市 舟山市 台州市 麗水市
山西省 11 都市	長春市（省都） 吉林市 四平市 遼源市 通化市 白山市 松原市 白城市		
太原市（省都） 大同市 陽泉市 長治市 晋城市 朔州市 晋中市 運城市 忻州市 臨汾市 呂梁市			
		山東省 17 都市	**安徽省** 16 都市
	黒竜江省 12 都市	済南市（省都） 青島市（計画単列市） 淄博市 棗荘市 東営市 煙台市 濰坊市 済寧市 泰安市 威海市 日照市 莱蕪市 臨沂市 徳州市 聊城市 浜州市 菏沢市	合肥市（省都） 蕪湖市 蚌埠市 淮南市 馬鞍山市 淮北市 銅陵市 安慶市 黄山市 滁州市 阜陽市 宿州市 六安市 亳州市 池州市 宣城市
内モンゴル自治区 9 都市	ハルビン市（省都） チチハル市 鶏西市 鶴崗市 双鴨山市 大慶市 伊春市 ジャムス市 七台河市 牡丹江市 黒河市 綏化市		
フフホト市（自治区首府） 包頭市 烏海市 赤峰市 通遼市 オルドス市 フルンボイル市 バヤンノール市 ウランチャブ市			

の 都 市 （295都市）

華中地区 42都市	華南地区 39都市	西南地区 37都市	西北地区 32都市

河南省 17都市	広東省 21都市	重慶市（直轄市）	陝西省 10都市
鄭州市（省都） 開封市 洛陽市 平頂山市 安陽市 鶴壁市 新郷市 焦作市 濮陽市 許昌市 漯河市 三門峡市 南陽市 商丘市 信陽市 周口市 駐馬店市	広州市（省都） 韶関市 深圳市（計画単列市） 珠海市 汕頭市 仏山市 江門市 湛江市 茂名市 肇慶市 恵州市 梅州市 汕尾市 河源市 陽江市 清遠市 東莞市 中山市 潮州市 掲陽市 雲浮市	**四川省 18都市** 成都市（省都） 自貢市 攀枝花市 瀘州市 徳陽市 綿陽市 広元市 遂寧市 内江市 楽山市 南充市 眉山市 宜賓市 広安市 達州市 雅安市 巴中市 資陽市	西安市（省都） 銅川市 宝鶏市 咸陽市 渭南市 延安市 漢中市 楡林市 安康市 商洛市

湖北省 12都市	広西チワン族自治区 14都市	貴州省 6都市	甘粛省 12都市
武漢市（省都） 黄石市 十堰市 宜昌市 襄陽市 鄂州市 荊門市 孝感市 荊州市 黄岡市 咸寧市 随州市	南寧市（自治区首府） 柳州市 桂林市 梧州市 北海市 防城港市 欽州市 貴港市 玉林市 百色市 賀州市 河池市 来賓市 崇左市	貴陽市（省都） 六盤水市 遵義市 安順市 畢節市 銅仁市 **雲南省 8都市** 昆明市（省都） 曲靖市 玉溪市 保山市 昭通市 麗江市 普洱市 臨滄市	蘭州市（省都） 嘉峪関市 金昌市 白銀市 天水市 武威市 張掖市 平涼市 酒泉市 慶陽市 定西市 隴南市

湖南省 13都市	海南省 4都市	チベット自治区 4都市	青海省 2都市
長沙市（省都） 株洲市 湘潭市 衡陽市 邵陽市 岳陽市 常徳市 張家界市 益陽市 郴州市 永州市 懐化市 婁底市	海口市（省都） 三亜市 三沙市 儋州市	ラサ市（自治区首府） シガツェ市 チャムド市 ニンティ市	西寧市（省都） 海東市 **寧夏回族自治区 5都市** 銀川市（自治区首府） 石嘴山市 呉忠市 固原市 中衛市 **新疆ウイグル自治区 3都市** ウルムチ市（自治区首府） カラマイ市 トルファン市

第1章 〈中国都市総合発展指標〉とは　7

2.　指標構成

指標構成

　〈中国都市総合発展指標〉は環境・社会・経済のトリプルボトムライン（TBL：Triple Bottom Line）の観点から都市の持続可能な発展を立体的に評価・分析している。

　ここで言うトリプルボトムラインとはある種の持続可能性を評価する代表的な方法であり、「環境」、「社会」、「経済」の３つの軸で人々の活動を評価するものである。国連持続可能な開発会議（UNCSD：United Nations Conference on Sustainable Development）が発表した持続可能な発展指標（SDIs）、2015年９月の国連サミットで採択された「持続可能な開発目標（SDGs）」をはじめ、世界の多くの持続可能性に関する調査研究がトリプルボトムラインによって評価されている。

３×３×３構造

　〈中国都市総合発展指標〉は環境、社会、経済の各三大項目が、それぞれ３つの中項目で構成され、計９つの中項目指標がさらに各々３つの小項目で構成されている。すなわち、大、中、小項目、合計39項目の指標で構成され、簡潔明瞭なピラミッド型の「３×３×３構造」となっている。簡潔で明快な構造を通じて、複雑な都市の状況を全方位的に定量化し、可視化して分析を行っている。

大 項 目

中国都市総合発展指標
China Integrated City Index

環境
Environment

社会
Society

経済
Economy

中項目	小項目	
自 然 生 態 Natural Ecology	水 土 賦 存	Soil and Water Condition
	気 候 条 件	Climate Condition
	自 然 災 害	Natural Disaster
環 境 品 質 Environmental Quality	汚 染 負 荷	Pollution Load
	環 境 努 力	Environmental Protection Effort
	資 源 効 率	Resource Efficiency
空 間 構 造 Spatial Structure	コンパクトシティ	Compact City
	交通ネットワーク	Transportation Network
	都 市 イ ン フ ラ	Urban Facilities
生 活 品 質 Quality of Life	居 住 環 境	Residential Environment
	消 費 水 準	Level of Consumption
	生活サービス	Life Services
伝 承 ・ 交 流 Inheritance and Exchange	歴 史 遺 産	Historical Relics
	文 化 施 設	Cultural Sites
	人 的 交 流	Personal Exchange
社会ガバナンス Social Governance	人 口 資 質	Quality of Population
	社 会 秩 序	Social Order
	社会マネジメント	Social Management
経 済 品 質 Quality of Economic Development	経 済 規 模	Economic Scale
	経 済 構 造	Economic Structure
	経 済 効 率	Economic Efficiency
発 展 活 力 Dynamic Development	ビジネス環境	Business Environment
	開 放 度	Openness
	イノベーション・起業	Innovation and Entrepreneurship
都 市 影 響 Urban Influence	都 市 農 村 共 生	Urban and Rural Integration
	広 域 イ ン フ ラ	Wide-area Facilities
	広 域 輻 射 力	Wide-area Influence

図1-3　指標構成図

3. 指標ランキング方法

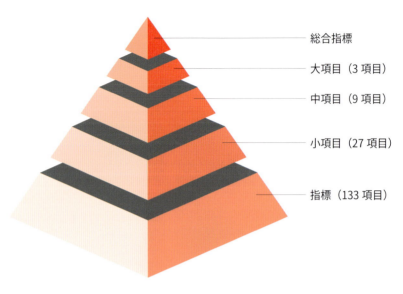

図1-4　指標構成概念図

データの採集と指標化

　〈中国都市総合発展指標2016〉は環境（49指標）、社会（39指標）、経済（45指標）の合計133の指標によって構成されている。それぞれの指標は一組あるいは複数のデータの組み合わせから成る。データの出所は、①各地方政府機関発表による統計データ（2014年度データ）、②ビックデータの収集（2015年度データ）、③衛星リモートセンシングデータ（2014年度データ）の3種に分類される。本書で取りあげたデータは特記しない限りは以上の年度のものである。

　〈中国都市総合発展指標〉では採用した133指標について偏差値を算出し、評点付けを行った。偏差値は、その値が全体の中でどの辺りに位置しているのかを相対的に表現する指標で、さまざまな指標で使われている単位を統一した尺度に変換して比較することが可能となる。

評価方法

　〈中国都市総合発展指標〉はそれぞれ133の指標データについて平均値を50とする偏差値を算出し、それらの偏差値を統合し総合評価を算出している。まず27の小項目レベルの偏差値をそれぞれ計算する。小項目レベルの偏差値から、9つの中項目レベルの偏差値を算出する。中項目レベルの偏差値を合成し、大項目レベルの偏差値を算出する。大項目レベルの偏差値を合成し、総合評価を算出する。〈中国都市総合発展指標〉の重要な特徴の1つは、各階層まで分解して評価を行い、都市の詳細な発展状況を立体的に分析したことである。

4. 指標一覧表

表1-2　指標一覧表：環境

大項目	中項目	小項目	ID	指標
環境	自然生態	水土賦存	1	1万人当たり利用可能国土面積
			2	1万人当たり森林面積
			3	1万人当たり耕作面積
			4	1万人当たり牧草地面積
			5	1万人当たり水面面積
			6	1人当たり水資源量
			7	国家森林園林都市認定指数
			8	国家公園指数
			9	国家景観区指数
			10	国家保護区指数
		気候条件	11	気候快適度
			12	降雨量
		自然災害	13	自然災害指数
			14	地質災害指数
	環境品質	汚染負荷	15	GDP当たりCO_2排出量
			16	国定、省定断面三類以上水質達成率
			17	空気質指数（AQI）
			18	PM2.5指数
		環境努力	19	環境保護投資額財政収入比率
			20	1万人当たり生態環境社会団体
			21	国家環境保護都市認定指数
			22	国家生態環境評価指数
		資源効率	23	建成区土地産出率
			24	農林牧草水面土地産出率
			25	GDP当たりエネルギー消費量
			26	環境配慮型建築設計評価認証項目
			27	工業固体廃棄物総合利用率
	空間構造	コンパクトシティ	28	人口集中地区（DID）人口
			29	人口集中地区（DID）面積
			30	人口集中地区（DID）人口比率
			31	建成区人口集中地区（DID）比率
			32	超人口集中地区（超DID）人口
			33	超人口集中地区（超DID）面積
			34	超人口集中地区（超DID）人口比率
			35	建成区超人口集中地区（超DID）比率
			36	平均通勤時間
		交通ネットワーク	37	公共交通ネットワーク密度
			38	都市軌道交通営業距離指数
			39	自家用車保有量指数
			40	公共バス保有量指数
			41	タクシー保有量指数
			42	ピーク時平均速度
		都市インフラ	43	固定資産投資指数
			44	1万人当たり公園緑地面積
			45	建成区緑化カバー率
			46	都市住民1人当たり住宅面積指数
			47	農村住民1人当たり住宅面積指数
			48	都市ガス普及率
			49	建成区下水道管密度

表1-3　指標一覧表：社会

大項目	中項目	小項目	ID	指標
社会	生活品質	居住環境	50	平均寿命
			51	住宅価格収入比率
			52	収入指数
			53	住みやすい都市認定指数
		消費水準	54	1万人当たり社会消費品小売額
			55	1万人当たり飲食業営業収入額
			56	1万人当たり通信消費額
		生活サービス	57	1万人当たり在園児童数
			58	1万人当たり高齢者福祉施設ベッド数
			59	1万人当たり医師数
			60	1万人当たり病院ベッド数
			61	三甲病院（最高等級病院）
	伝承・交流	歴史遺産	62	歴史文化名城
			63	世界遺産
			64	無形文化財
			65	重要文化財
		文化施設	66	博物館・美術館
			67	劇場・映画館
			68	スタジアム
			69	動物園・植物園・水族館
			70	公共図書館蔵書量
		人的交流	71	海外旅行客
			72	国内旅行客
			73	国際会議
			74	展示会業発展指数
			75	観光都市認定指数
	社会ガバナンス	人口資質	76	教育構造指数
			77	従業員の大学卒業者比率
			78	1万人当たり大学生数
			79	1万人当たり専門学校学生数
			80	1万人当たりボランティア数
		社会秩序	81	治安都市認定指数
			82	交通安全指数
			83	社会安全指数
		社会マネジメント	84	都市階層
			85	1万人当たり社会団体数
			86	文明衛生都市認定指標
			87	政府ホームページパフォーマンス
			88	コミュニティモデル衛生センター

表1-4　指標一覧表：経済

大項目	中項目	小項目	ID	指標
経済	経済品質	経済規模	89	GDP 規模
			90	GDP 成長率
			91	常住人口規模
			92	常住人口増加率
		経済構造	93	第一次産業 GDP
			94	第二次産業 GDP
			95	第三次産業 GDP
			96	上場企業
			97	サービス業就業者比率
			98	規模以上工業 GDP 比率
		経済効率	99	1 万人当たり GDP
			100	1 万人当たり財政収入
			101	建成区面積当たり GDP
			102	市轄区 GDP 比率
			103	工業用地当たり第二次産業 GDP
	発展活力	ビジネス環境	104	平均賃金
			105	事業所向けサービス業従業員数
			106	ハイクラスホテル（4 つ星、5 つ星）
			107	1 万人当たり失業者数
			108	財政収入税収比率
		開放度	109	人口流動
			110	貨物輸出
			111	貨物輸入
			112	実行ベース外資導入額
			113	外資企業規模以上工業産出比率
			114	領事館・大使館
		イノベーション・起業	115	R&D 内部経費支出
			116	R&D 人的資源
			117	特許取得数
			118	民間セクター従業者指数
			119	知識産業都市認定指数
	都市影響	都市農村共生	120	都市農村住民収入比
			121	義務教育発展均衡都市認定指数
		広域インフラ	122	空港利便性
			123	コンテナ港利便性
			124	高速道路
			125	高速鉄道 (G) 便数
			126	準高速鉄道 (D) 便数
			127	普通列車便数
		広域輻射力	128	卸売・小売輻射力
			129	文化・スポーツ・娯楽輻射力
			130	医療輻射力
			131	高等教育輻射力
			132	金融輻射力
			133	科学技術輻射力

2

中国都市ランキング
トップ20都市

1. 総合ランキング

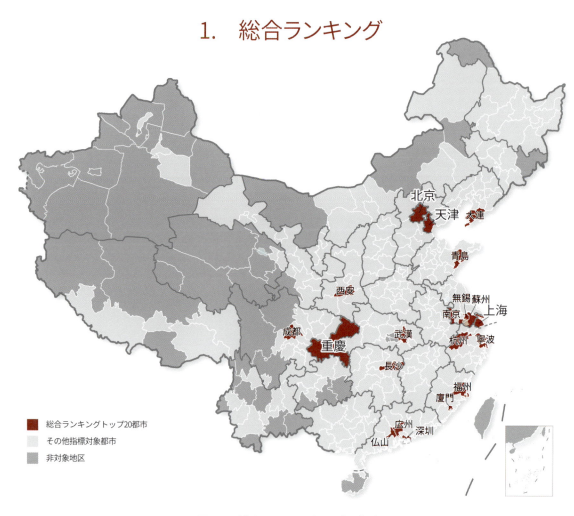

図2-1 総合ランキングトップ20都市

総合ランキングで北京が首位、上海が第2位、深圳が第3位

　北京が総合ランキングで上海を抑えて第1位となったのは、「社会」大項目のパフォーマンスで上海を大きく上回ったことによる。しかし、北京は「経済」大項目で上海と比べてやや遜色があり、「環境」大項目のパフォーマンスでは上海より大きく下回っている。

　深圳は総合ランキングで北京、上海に続く第3位となった。深圳の優位性は「環境」大項目と「経済」大項目に表れている。特に「環境」大項目では深圳がランキング第1位を獲得した。新興都市である深圳は、「社会」大項目のパフォーマンスでやや遜色がある。

　広州は総合ランキングで第4位、天津は第5位となった。両都市は「社会」大項目と「経済」大項目で各々特色があり、広州は「環境」大項目のパフォーマンスで天津に秀でている。

　蘇州、杭州、重慶、南京と武漢は第6位から第10位であり、「社会」大項目と「経済」大項目において、5都市はほぼ上位10位内に入っている。しかし「環境」大項目では、最も順位の高い蘇州でも、ランキングは第20位に留まっている。

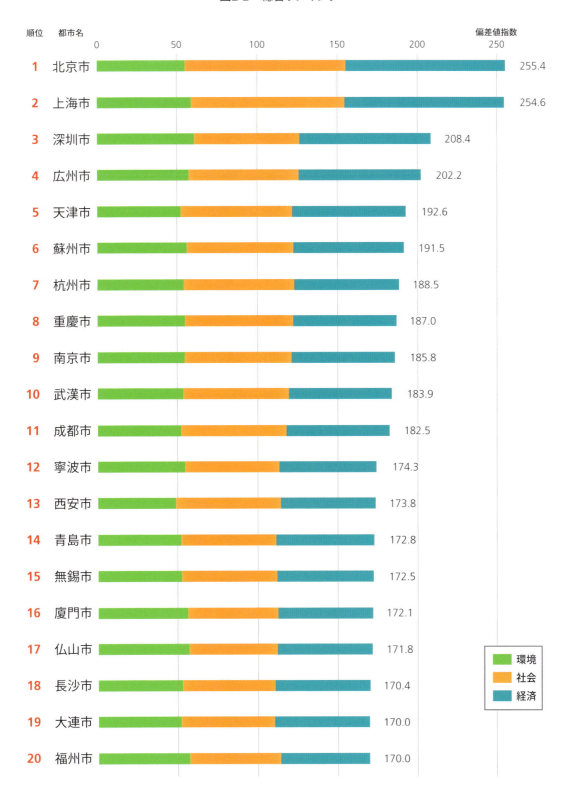

図2-2　総合ランキング

2. 環境ランキング

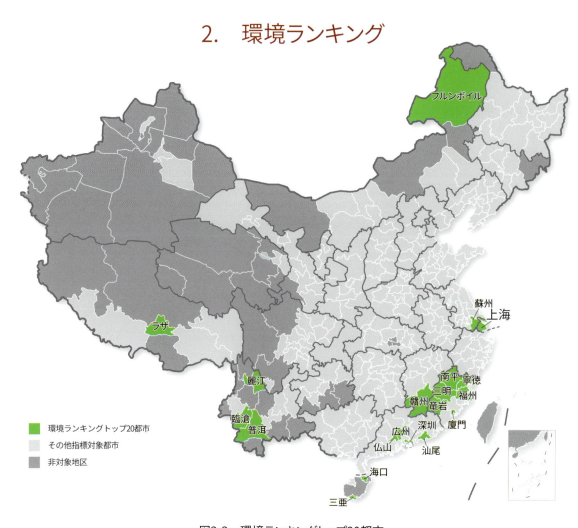

図2-3　環境ランキングトップ20都市

環境ランキングは深圳が堂々第1位、寧徳、フルンボイルがそれぞれ第2位、第3位

　深圳は「環境」大項目で首位となった。環境の各中項目指標のパフォーマンスでは、「空間構造」は第3位、「環境品質」は第10位、「自然生態」は第26位である。

　寧徳は「環境」大項目で第2位である。福建省にある寧徳はあまり知られていない都市ではあるが、気候は穏やかで、「水資源量」や「森林面積率」、「空気質指数」のいずれの指標も飛び抜けて高い。

　内モンゴル自治区フルンボイルは「環境」のランキングで第3位である。北部全域で「環境」大項目の上位20位入りした唯一の都市。森林、草原、空気の清々しさが際立っている。

　三亜、上海、南平、三明、汕尾、麗江、福州がそれぞれ第4位から第10位までの都市である。

　注目すべきは、総合ランキング上位10都市で、深圳と上海だけが「環境」大項目のトップ10に入ったことである。

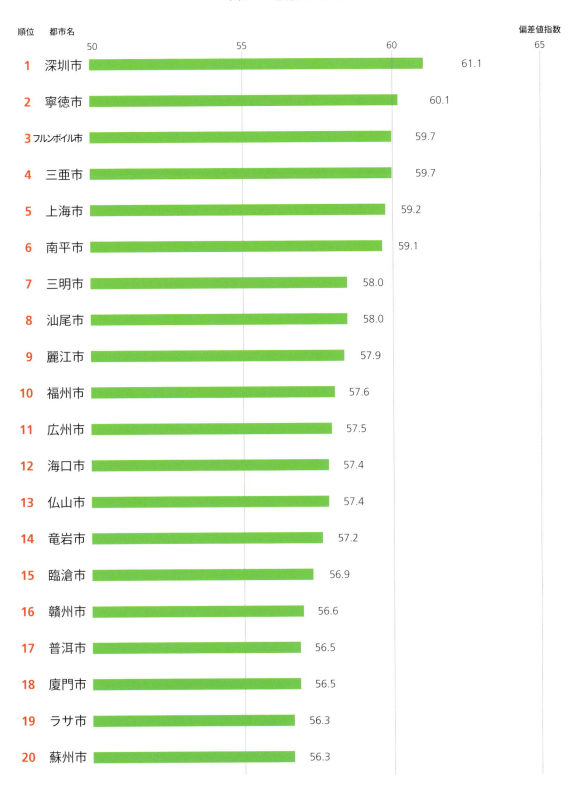

図2-4　環境ランキング

3. 社会ランキング

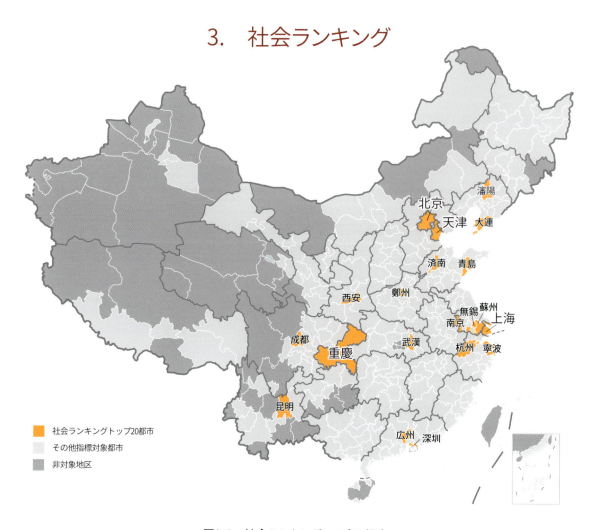

図2-5　社会ランキングトップ20都市

社会ランキングでは北京は首位、上海、天津がそれぞれ第2位、第3位

　北京と上海は「社会」大項目で第1位と第2位であった。「伝承・交流」中項目では北京は上海に秀で、「社会ガバナンス」中項目では上海が北京を超えている。「生活品質」中項目では両都市は伯仲している。

　天津、杭州、広州、重慶、南京、蘇州、武漢と成都が、「社会」ランキングで第3位から第10位までの都市である。この8都市の偏差値の差はそれほど大きくはなく、偏差値が最大の天津が69.4で、最小の成都が65.5となっている。

　「伝承・交流」中項目指標は天津、広州、重慶が優勢で、「生活品質」中項目では杭州、蘇州が秀でている。

図2-6 社会ランキング

4. 経済ランキング

図2-7　経済ランキングトップ20都市

経済ランキングは上海首位、北京と深圳がそれぞれ第2位、第3位

　上海と北京が「経済」大項目で第1位、第2位。「経済品質」と「発展活力」の2つの中項目では上海が秀でているが、「都市影響」指標では、北京が突出した首位である。

　深圳、広州、天津と蘇州は「経済」大項目で第3位から第6位である。深圳は「経済品質」と「発展活力」の両中項目指標で上位であり、広州は「都市影響」指標でのパフォーマンスが目をひく。

　杭州、重慶、南京、成都は「経済」大項目で第7位から第10位となった。この4都市の偏差値に大きな違いはないが「経済品質」中項目では重慶がより優れて第4位である。「都市影響」指標では杭州と成都が比較的よく、各々第5位、第9位となった。

図2-8　経済ランキング

3 | 中国都市ランキング
トップ10都市分析

1位 北京 Beijing

　北京は、総合ランキング第1位。
　「社会」大項目で、北京は他都市を大きく引き離してトップを飾った。これは北京が中国の政治文化の中心であり、史跡、世界遺産、重要文化財、無形文化財、博物館、美術館、劇場の数が他都市とは比べられないほど多いことによる。「社会」大項目の3つの中項目指標の中で、北京は「生活品質」、「伝承・交流」双方で第1位で、「社会ガバナンス」は第2位である。
　「経済」大項目では、北京は第2位。北京はR&D支出、R&D人員数、特許取得数及び文化・スポーツ・娯楽、医療、高等教育など領域の輻射力（148頁参照）で突出している。これにより北京の「都市影響」中項目は第1位となっている。北京は「経済品質」と「発展活力」の両中項目指標においても秀でており、双方とも第2位であった。
　「環境」大項目では北京は第23位に甘んじた。これは北京の空気品質、水資源、交通渋滞などの問題が深刻であることによる。ゆえに北京は「自然生態」と「環境品質」の両中項目でのパフォーマンスは芳しくなく、各々第148位、第110位に落ち込んでいる。しかしながら「交通ネットワーク」、「都市インフラ」などの小項目では優れており、北京の「空間構造」中項目は第1位となった。

表3-1　主要指標

環 境

常住人口	2152 万人
行政区域土地面積	16411 km²
1 万人当たり利用可能国土面積全国ランキング	280 位
森林面積率全国ランキング	96 位
1 人当たり水資源量全国ランキング	277 位
気候快適度全国ランキング	209 位
空気質指数（AQI）全国ランキング	269 位
PM$_{2.5}$ 指数全国ランキング	269 位
人口集中地区（DID）人口比重全国ランキング	4 位
軌道交通営業キロ数全国ランキング	2 位

社 会

住宅価格全国ランキング	1 位
国内旅行客数	25722 万人
海外旅行客数	428 万人
世界遺産全国ランキング	1 位
国際会議全国ランキング	2 位

経 済

GDP 規模	21331 億元
1 万人当たり GDP	99121 元/人
GDP 成長率	9.4 %
1 万人当たり財政収入全国ランキング	5 位
平均賃金全国ランキング	1 位
事業所向けサービス業従業員全国ランキング	1 位
ハイクラスホテル全国ランキング	2 位
貨物輸出全国ランキング	6 位
空港利便性全国ランキング	2 位
コンテナ港利便性全国ランキング	60 位
卸売・小売輻射力全国ランキング	2 位
医療輻射力全国ランキング	1 位
高等教育輻射力全国ランキング	1 位
科学技術輻射力全国ランキング	1 位
文化・スポーツ・娯楽輻射力全国ランキング	1 位
金融輻射力全国ランキング	2 位

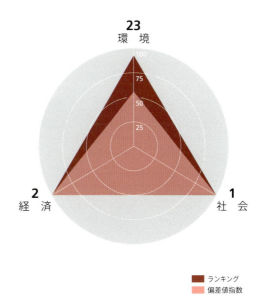

図3-1　大項目指標

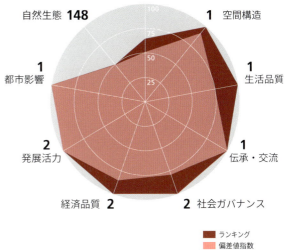

図3-2　中項目指標

北京 | Beijing

行政副都心計画と人口抑制政策

　首都・北京市は、中国の政治、経済、教育、文化の中心地であり、四大直轄市の１つである。７つの世界遺産や胡同と呼ばれる明・清時代の路地を残した街区等、多くの歴史的建造物が存在し、一方では現代的な高層ビルが次々と建設され、新旧が入り交じった独特の街並みを形成している。2008年には夏季オリンピックが開催され、2022年には冬季オリンピックが開催予定である。北京市の常住人口は2,152万人で、2010年からの４年間で約191万人も増加した。世界屈指のメガシティである。

　一方、慢性的な交通渋滞や水不足、大気汚染等「大都市病」に対する１つの解決策として、2015年11月、北京市政府は行政機能を同市郊外の通州区に移転させる「行政副都心」建設計画を発表した。2020年までに北京市内６区全体の人口を15％削減することを目標としている。

　また、2017年９月、市政府は「北京市総体計画（2016‒2035年）」を発表し、人口抑制政策を大々的に打ち出した。2020年までに同市の常住人口を2,300万人に抑え、2020年以降は長期的にその水準を安定させるとしている。

　2017年11月、北京市は、出稼ぎ労働者が多数住むエリアでの火災事件を契機に、違法建築を取り壊すなどして10万人から数十万人の出稼ぎ労働者らを市外へ追い出し、物議を醸した。同市政府発表によると、2017年末の北京市の常住人口は1997年以来、20年ぶりに減少した。

京津冀協同発展、新首都経済圏、雄安新区

　中国政府は三大国家戦略のひとつとして「京津冀（北京・天津・河北）協同発展」を打ち出している。北京の都市輻射力を発展のエンジンとした「新首都経済圏」の構築を目指す構想である。

　2017年４月、中国政府はその一環として、河北省の雄県、容城県、安新県の３県とその周辺地域に「雄安新区」の設立を決定した。雄安新区は中国における19番目の「国家級新区」となり、「千年の計」と位置づけられた習近平政権肝いりのプロジェクトである。雄安新区は北京市から南西約100㎞、天津市から西へ約100㎞に位置し、その計画範囲は、初期開発エリアが約100㎢、最終的には約2,000㎢（東京都の面積と同程度）にまで達するとされている。雄安新区は北京市の「非首都機能」を移転することで、同市の人口密度の引き下げ、さらには京津冀地域の産業構造の高度化等を目指している。

北京市の突出した本社機能とスタートアップ機能

　米『フォーチュン』誌が毎年発表する世界企業番付「フォーチュン・グローバル500」の2017年度版によると、500社にランクインした企業のうち、北京市に本社を置いている企業数は56社もあった。

　企業の内訳を見ると、第三次産業の企業が４分の３を占め、そのうち国有企業は52社、民営

ベンチャー企業の集積地・北京中関村エリア

企業は4社であった。中国全体では前年より7社多い105社がランクインしており、その半数以上が北京市に本社を置いていることになる。第2位の上海市が8社、第3位の深圳市が6社ということからみても、北京市の本社機能は突出している。

また、中国フォーチュン（財富）が発表した「フォーチュン・チャイナ500（中国500強企業）」ランキングの2017年度版によると、第1位の北京市には100社、第2位の上海市には31社、第3位の深圳市には25社が本社を置いている。北京市政府は2017年に本社機能をより強くする方針を打ち出しており、同市への本社機能の集約は今後さらに進むであろう。

また、北京市政府はスタートアップ機能の促進にも力を入れており、同市は今や中国最大のベンチャー企業集積地となっている。2017年に市内で新たに上場した企業数は1450社にのぼり、第2位の上海市の878社と第3位の深圳市の686社の合計にほぼ相当する。北京市政府発表によれば、同市内に拠点を構えるネット系ベンチャー企業の数は、中国全土の約40％を占めている。

北京 | Beijing

図3-3　小項目偏差値

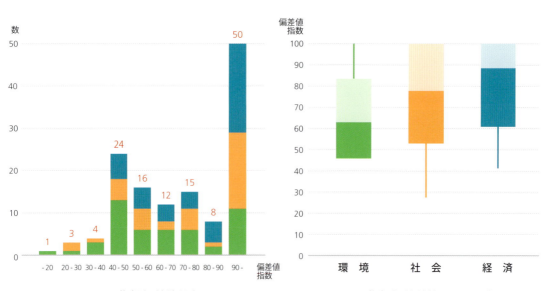

図3-4　指標偏差値分布　　　　　図3-5　指標偏差値箱ひげ図分析

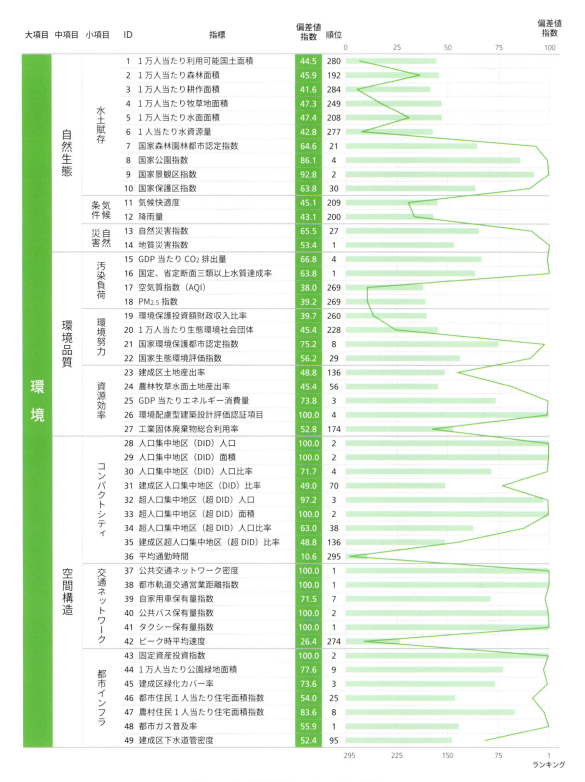

図3-6　各項目指標ランキング：環境

第３章　中国都市ランキング｜トップ10都市分析　31

北京 | Beijing

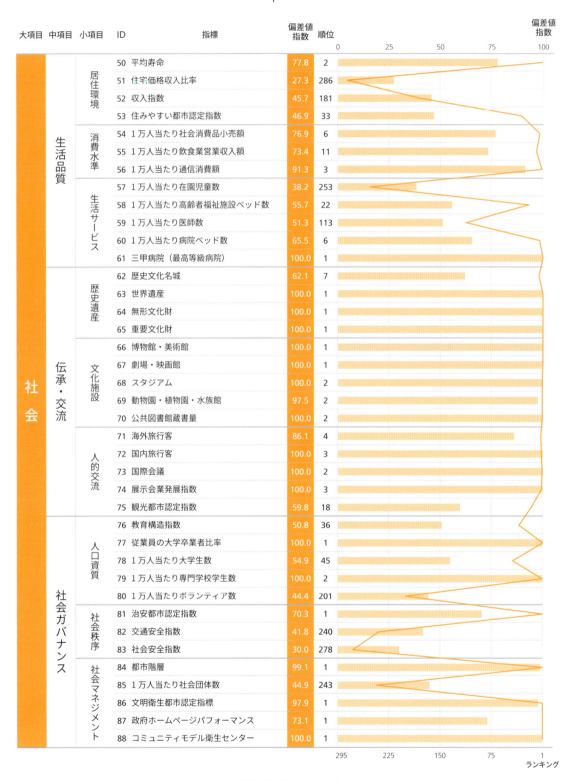

図3-7　各項目指標ランキング：社会

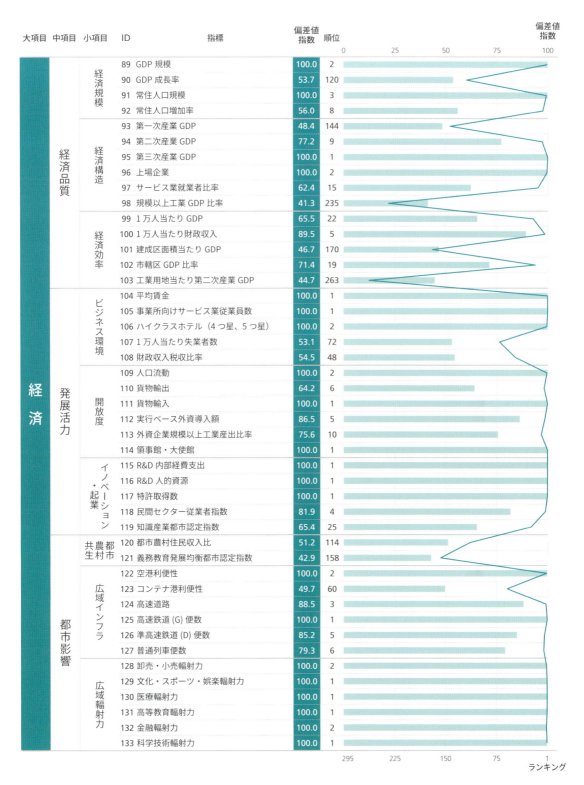

図3-8　各項目指標ランキング：経済

2位 上海 Shanghai

　上海は総合ランキングで第2位。
　「経済」大項目のランキングで上海は、北京に譲らない強さを見せた。しかし総合ランキングでは上海は北京の次点であった。
　「社会」大項目で、上海は第2位である。北京と比べ、上海は「伝承・交流」中項目で第2位につけたものの、北京とのギャップが大きい。「生活品質」中項目でも第2位であり、目をひくのは「社会ガバナンス」中項目で首位に立ったことである。
　「経済」大項目で、上海は実力を見せつけた。「発展活力」と「経済品質」の両中項目で上海はずば抜けている。「都市影響」中項目では第2位であった。
　「環境」大項目で、上海は第5位。上海は「空間構造」中項目指標で飛び抜けていて、第2位となった。特に「コンパクトシティ」の小項目では第1位だった。「自然生態」と「環境品質」の中項目指標のランキングでは各々第64位と第24位であった。

表3-2　主要指標

環境

常住人口	2426 万人
行政区域土地面積	6340 km²
1 万人当たり利用可能国土面積全国ランキング	288 位
森林面積率全国ランキング	269 位
1 人当たり水資源量全国ランキング	151 位
気候快適度全国ランキング	21 位
空気質指数（AQI）全国ランキング	161 位
PM$_{2.5}$ 指数全国ランキング	178 位
人口集中地区（DID）人口比重全国ランキング	3 位
軌道交通営業キロ数全国ランキング	1 位

社会

住宅価格全国ランキング	2 位
国内旅行客数	26818 万人
海外旅行客数	791 万人
世界遺産全国ランキング	60 位
国際会議全国ランキング	1 位

経済

GDP 規模	23568 億元
1 万人当たり GDP	97146 元 / 人
GDP 成長率	9.1 %
1 万人当たり財政収入全国ランキング	4 位
平均賃金全国ランキング	2 位
事業所向けサービス業従業員全国ランキング	2 位
ハイクラスホテル全国ランキング	1 位
貨物輸出全国ランキング	1 位
空港利便性全国ランキング	1 位
コンテナ港利便性全国ランキング	1 位
卸売・小売輻射力全国ランキング	1 位
医療輻射力全国ランキング	2 位
高等教育輻射力全国ランキング	2 位
科学技術輻射力全国ランキング	2 位
文化・スポーツ・娯楽輻射力全国ランキング	2 位
金融輻射力全国ランキング	1 位

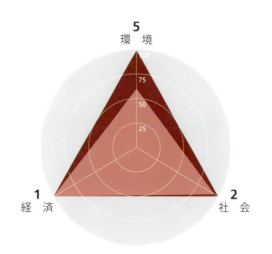

図3-9　大項目指標

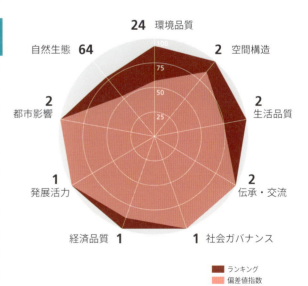

図3-10　中項目指標

上海 | Shanghai

世界に誇る商業都市

上海市は中国最大の国際商業都市であり、四大直轄市の１つで、長江デルタメガロポリス（「メガロポリス」の詳細は第２部「メガロポリス発展戦略」を参照）の中枢都市である。上海市の面積は約6,340㎢で群馬県とほぼ同じ大きさであり、常住人口は約2,426万人と東京都の人口の約2.6倍の規模を誇る。GDPは2.35兆元（約40兆円、１元＝約17円）で中国の地級市以上の295都市の中で堂々第１位、国別で比較すればそのGDP規模はコロンビアのGDP（約39.9兆円）を超えている。

世界有数の金融センターに成長した浦東エリアは、ほんの20数年前まではのどかな田舎だった。1992年に「浦東新区」に指定されたことを契機として次々に摩天楼が建設され、「中国の奇跡」と讃えられるほど急速に発展していった。

現在、上海市内には証券取引所、商品先物取引所、そして合計８カ所の国家級開発区と、自由貿易試験区、重点産業基地、市級開発区等が設置されている。〈中国都市総合発展指標2016〉の「金融輻射力」においても、上海市は北京市を抜いて第１位の座に輝いている。

上海市の交流・交易機能も突出しており、本指標の「空港利便性」、「コンテナ港利便性」においても上海市は第１位となっている。上海虹橋国際空港と上海浦東国際空港を合わせた2016年の旅客輸送者数は約9,500万人に達し、航空貨物も約370万トン取り扱われ、いずれも中国随一の処理能力を誇っている。港湾機能も突出しており、コンテナ取扱量は世界で８年連続第１位に輝き、その規模は4,023万TEU（20フィートコンテナ１個を単位としたコンテナ数量）（2017年）に達している。

人口抑制政策

上海市の流動人口（戸籍のない常住人口）は約987.3万人に達し、常住人口の約４割が外からの流入人口となっている。本指標の「人口流動」項目で、上海市は第１位となっている。2015年末時点では、外国人は約17.8万人、日本人は約4.6万人が居留している。短期滞在者も含めると約10万人もの日本人が暮らしており、日系企業も約１万社が上海に居を構えている。

2018年１月、市政府は「上海市都市総体計画（2017‐2035年）」を発表した。計画の特徴の１つに人口抑制政策が挙げられる。人口集中による弊害を懸念する同市政府は人口を厳しく抑制し、2020年までに常住人口を2,500万人にまで抑え、2040年までその水準を保つことを打ち出した。上海市政府は以前から人口抑制政策を進めており、同市政府発表によると、2017年末の市内の常住人口は2016年末に比べ約１万人減少した。

エンターテインメント産業の爆発

所得水準が向上したことにより、中国の消費者の関心はモノ消費からコト消費に向かっている。一例として中国のテーマパーク産業の急激な発展がある。現在、国内には2,500カ所以上の

マンションがひしめく上海の新興住宅地区

テーマパークがあり、とりわけ5,000万元（約8.5億円）以上を投資したテーマパークは約300カ所もある。2016年6月、中国で初のディズニーパークとなる「上海ディズニーランド」が開園した。総工費は「東京ディズニーシー」の約2倍となる約55億ドル（約6,500億円）が投じられ、面積は約390ヘクタールで、これも「東京ディズニーランド」（200ヘクタール）の約2倍の広さを誇る。入場者数は開業1年で1,100万人を動員、黒字を実現し、現在も拡張工事が進められている。中国では、「ユニバーサルスタジオ北京」をはじめ、大型テーマパークは2020年までにさらに60カ所以上増えるとされ、総投資額は238億ドル（約2.7兆円）になることが予想されている。

　映画産業の発展も目覚ましい。2017年の中国映画市場の興行収入額は559.1億元（約9,600億円）となり、前年を13.5％上回る伸び率を記録した。2016年の伸び率は3.7％と低調だったが、2017年は3倍以上の伸びとなった。観客数は16.2億人を記録し、上海市が最も興行収入が高かった都市となり34.9億元（約600億円）であった。2016年、中国の映画スクリーン数は41,179スクリーンとなり、初めてアメリカのスクリーン数（40,759スクリーン）を抜いて、世界第1位のスクリーン数を持つ映画大国となった。ちなみに日本は中国の約8.5％にあたる3,472スクリーンであった。

上海 | Shanghai

図3-11 小項目偏差値

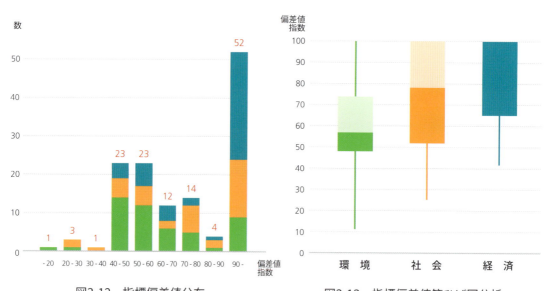

図3-12 指標偏差値分布   図3-13 指標偏差値箱ひげ図分析

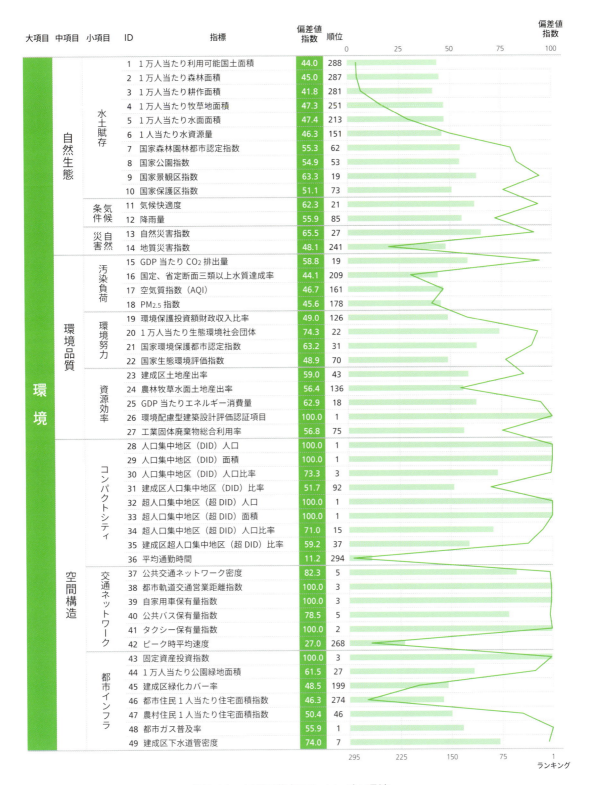

図3-14 各項目指標ランキング：環境

上海 | Shanghai

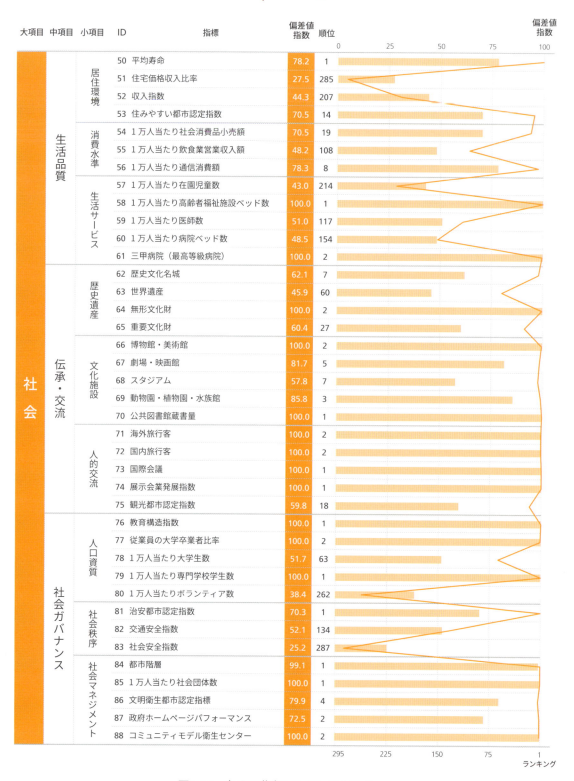

図3-15　各項目指標ランキング：社会

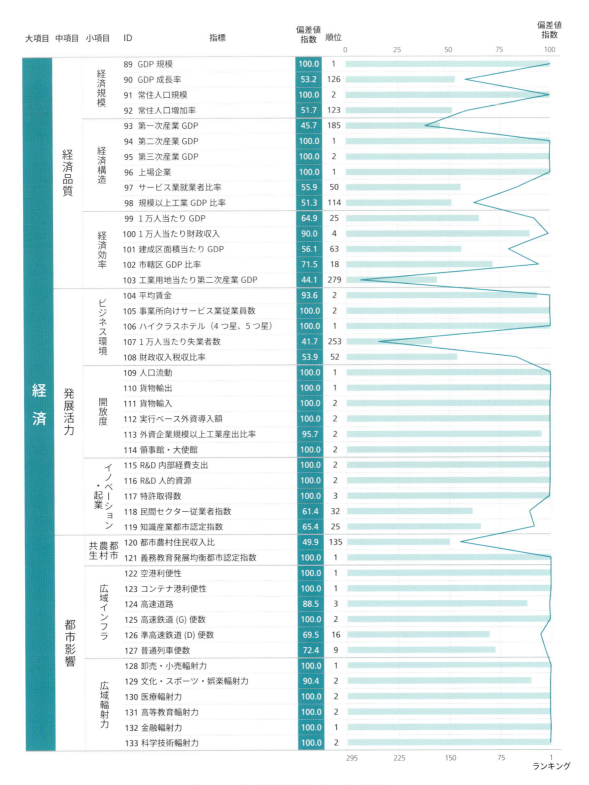

図3-16　各項目指標ランキング：経済

3位 深圳 Shenzhen

　深圳は総合ランキングで第3位。

　「環境」大項目で深圳はトップを飾った。なかでも「空間構造」中項目指標で第3位となった。「環境品質」でも健闘し第10位に、「自然生態」のランキングは第26位であった。

　「経済」大項目で深圳は第3位。「経済構造」「経済効率」の両小項目指標が共に第3位だったことにより、「経済品質」中項目で深圳は第3位となった。「イノベーション・起業」、「開放度」の小項目がそれぞれ第2位、第3位であることから、「発展活力」中項目で深圳は総合第3位の座を勝ち取った。「都市影響」中項目では第4位であった。

　「社会」大項目では、新興都市である深圳は第11位であった。「生活品質」中項目で第3位であったが、「伝承・交流」中項目指標で深圳は第10位に甘んじた。莫大な外来人口を抱えることが原因で「社会ガバナンス」中項目は第113位に落ち込んでいる。

表3-3　主要指標

環境

常住人口	1078万人
行政区域土地面積	1997 km²
1万人当たり利用可能国土面積全国ランキング	290位
森林面積率全国ランキング	161位
1人当たり水資源量全国ランキング	239位
気候快適度全国ランキング	39位
空気質指数（AQI）全国ランキング	14位
PM$_{2.5}$指数全国ランキング	30位
人口集中地区（DID）人口比重全国ランキング	1位
軌道交通営業キロ数全国ランキング	5位

社会

住宅価格全国ランキング	3位
国内旅行客数	3809万人
海外旅行客数	1183万人
世界遺産全国ランキング	60位
国際会議全国ランキング	3位

経済

GDP規模	16002億元
1万人当たりGDP	148455元/人
GDP成長率	10.4%
1万人当たり財政収入全国ランキング	6位
平均賃金全国ランキング	7位
事業所向けサービス業従業員全国ランキング	5位
ハイクラスホテル全国ランキング	6位
貨物輸出全国ランキング	2位
空港利便性全国ランキング	4位
コンテナ港利便性全国ランキング	2位
卸売・小売輻射力全国ランキング	3位
医療輻射力全国ランキング	39位
高等教育輻射力全国ランキング	288位
科学技術輻射力全国ランキング	3位
文化・スポーツ・娯楽輻射力全国ランキング	7位
金融輻射力全国ランキング	3位

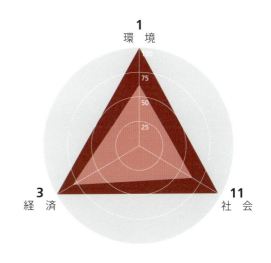

図3-17　大項目指標

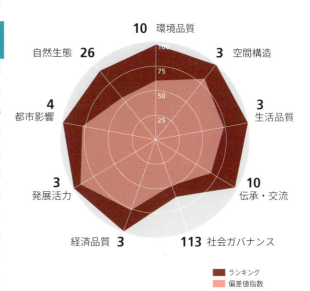

図3-18　中項目指標

深圳 ｜ Shenzhen

中国のシリコンバレー

深圳市は広東省の南部に位置し、香港に隣接している珠江デルタメガロポリスの中枢都市である。面積は約1,997㎢で大阪府と同規模、常住人口は約1,078万人である。

深圳市はかつて人口規模わずか３万人の漁村だったが、1980年に中国初の「経済特区」に指定されたことをきっかけに、近年では「中国のシリコンバレー」と呼ばれるまでに飛躍的な発展を遂げた。わずか40年間で人口は400倍以上に拡大。その世界史上類を見ない発展の速さは「深圳速度」と言われる。GDPは約1.6兆元（約27.2兆円）に達し、中国国内では第４位の規模となった。国別で比較すれば、これはアイルランドと同じ規模である。

経済特区に指定されて以来、深圳市は輸出加工拠点として急速に発展し「世界の工場」と称されるまでになったが、現在では政策を大きく転換させ、新興ハイテク企業が次々と生まれるイノベーション都市へと脱皮している。メッセンジャーアプリ「微信（WeChat）」を開発したテンセント（騰訊）、通信機器大手のファーウェイ（華為）やZTE（中興）、世界最大手のドローンメーカーDJI（大疆）、自動車メーカーのBYD（比亜迪）といった、深圳市発の世界的に有名なベンチャー企業が続々誕生している。

深圳市の2016年の新規登録企業件数は約38.7万社と前年比約３割も伸び、上海市や北京市を抑えて首位を獲得した。人口１人当たり新規登録企業数は上海市の2.6倍、北京市の３倍強にのぼっている。また、同市に登記されている中小企業の数は約150万社と、市内の企業総数の99.6%を占めている。中国版ナスダックと呼ばれる深圳証券取引所のベンチャー企業向け市場「創業板」がその動きを後押ししている。

また、コンテナ港の発展も著しく、本指標の「コンテナ港利便性」においても深圳市は第２位となっている。2017年の深圳港のコンテナ取扱量は前年比5.1%増の約2,520万TEUに達し、開港以来最高の取扱量を記録した。世界の港湾別コンテナ取扱個数ランキングでも５年連続で第３位に輝いた。

移民都市

深圳市は典型的な"移民都市"である。本指標の「人口流動」項目では、全国第１位が北京市、第２位が上海市、深圳市は第３位となっている。深圳市の流動人口は745万人であった。特記すべきは、北京市と上海市では流動人口の常住人口に占める割合が４割前後なのに対し、深圳市常住人口の69.2%が「流動人口」によるものであった。

人口構造からも深圳市の"移民都市"の特質が明らかである。同市政府発表では、2016年末の市内の平均年齢は約32.5歳で、中国で最も平均年齢が若い都市であった。人口を年齢別の割合で見ると、15歳未満人口（年少人口）は13.4%、15歳以上65歳未満人口（生産年齢人口）は83.2%、65歳以上人口（老年人口）はわずか3.4%であり、特に20代の人口が突出している。外部から大量の生産年齢人口を受け入れている北京、上海、広州３都市の生産年齢人口割合がそ

深圳中心部

れぞれ79.6%、77.8%、79.2%であることを考えると、いかに深圳市が若い都市であるかがわかる。

「港深創新・科技園」構想

　深圳市の発展に香港が果たしてきた役割は大きい。2015年4月、深圳に「自由貿易試験区（広東自貿区）」が開設された。この試験区は香港との協力強化を目的に設けられ、現在までに7,000社以上の香港企業が進出し、同地区の土地の約3分の1が香港企業に供給されている。2017年1月には、香港と深圳両都市が共同で、両地の間を流れる深圳河の河川敷に87ヘクタールのハイテク産業団地「港深創新・科技園」を建設する計画が発表された。2018年中頃には、香港－広東省珠海－マカオを結ぶ海上橋「港珠澳大橋」の開通と、香港－深圳－広州を結ぶ高速鉄道「広深港高鉄」の開通が見込まれる。深圳と香港とのリンケージは今後も強まっていくであろう。

深圳 | Shenzhen

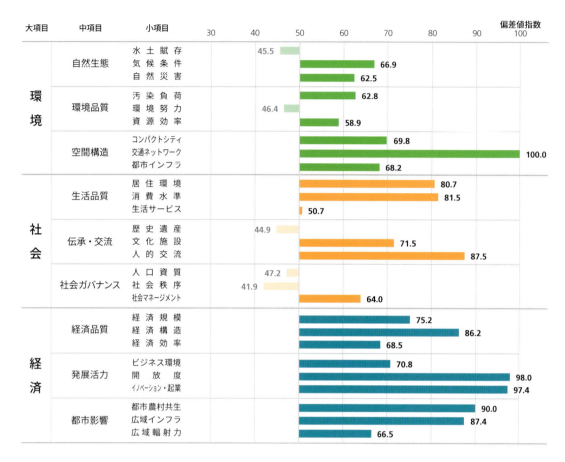

図3-19 小項目偏差値

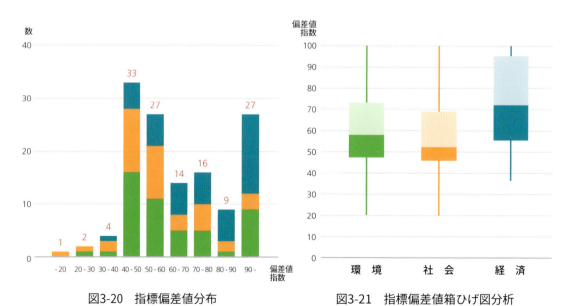

図3-20 指標偏差値分布

図3-21 指標偏差値箱ひげ図分析

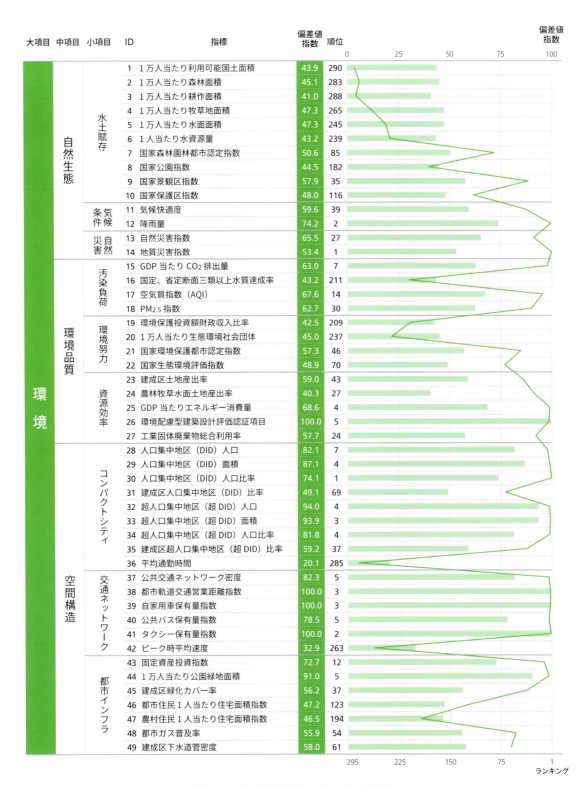

図3-22　各項目指標ランキング：環境

深圳 | Shenzhen

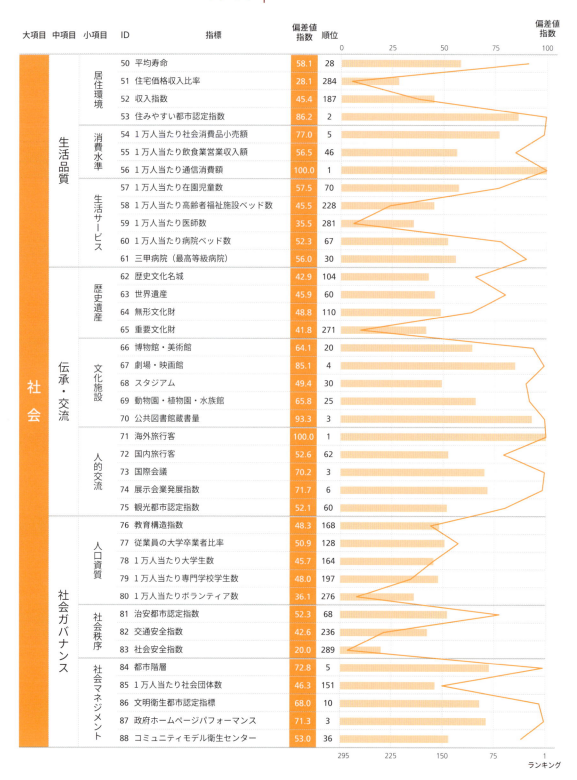

図3-23　各項目指標ランキング：社会

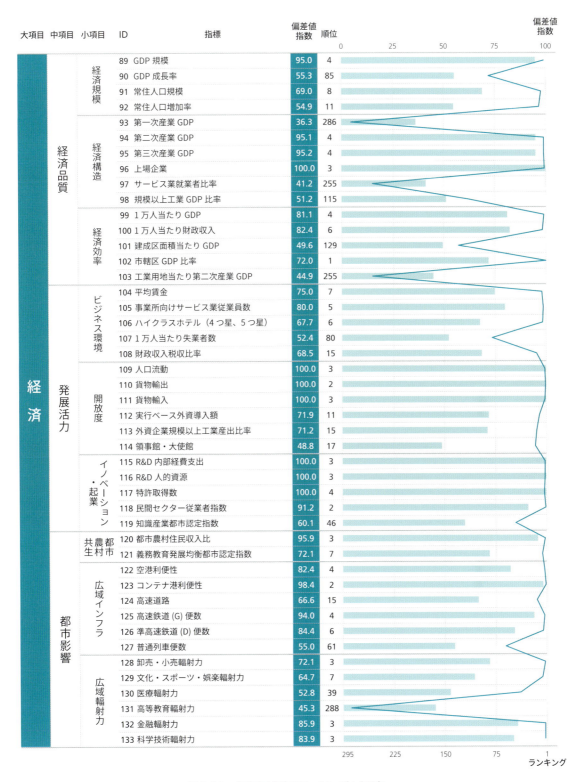

図3-24　各項目指標ランキング：経済

4位 広州
Guangzhou

　広州は総合ランキングで第4位。

　「経済」大項目で、広州は第4位であった。「経済品質」と「発展活力」の両中項目で共に第5位となった。広東省の省都、そして珠江デルタメガロポリスの中心都市として広州は、「都市影響」中項目で第3位に躍り出た。

　「環境」大項目で広州は第11位である。なかでも「空間構造」中項目指標で第4位と好成績を上げた。「環境品質」「自然生態」の両中項目では各々第36位、第70位であった。

　「社会」大項目で広州は第5位となった。なかでも「生活品質」、「伝承・交流」の両中項目で優れ、各々第7位と第5位であった。膨大な外来人口によるものか、「社会ガバナンス」は第19位に留まった。

表3-4 主要指標

環境

常住人口	1308 万人
行政区域土地面積	7434 km²
1 万人当たり利用可能国土面積全国ランキング	283 位
森林面積率全国ランキング	111 位
1 人当たり水資源量全国ランキング	186 位
気候快適度全国ランキング	99 位
空気質指数（AQI）全国ランキング	61 位
PM2.5 指数全国ランキング	78 位
人口集中地区（DID）人口比重全国ランキング	6 位
軌道交通営業キロ数全国ランキング	3 位

社会

住宅価格全国ランキング	7 位
国内旅行客数	4547 万人
海外旅行客数	783 万人
世界遺産全国ランキング	60 位
国際会議全国ランキング	12 位

経済

GDP 規模	16707 億元
1 万人当たり GDP	127723 元／人
GDP 成長率	8.3 %
1 万人当たり財政収入全国ランキング	28 位
平均賃金全国ランキング	6 位
事業所向けサービス業従業員全国ランキング	4 位
ハイクラスホテル全国ランキング	4 位
貨物輸出全国ランキング	7 位
空港利便性全国ランキング	3 位
コンテナ港利便性全国ランキング	6 位
卸売・小売輻射力全国ランキング	4 位
医療輻射力全国ランキング	3 位
高等教育輻射力全国ランキング	7 位
科学技術輻射力全国ランキング	4 位
文化・スポーツ・娯楽輻射力全国ランキング	3 位
金融輻射力全国ランキング	7 位

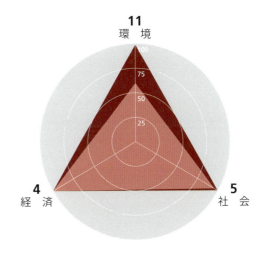

図3-25　大項目指標

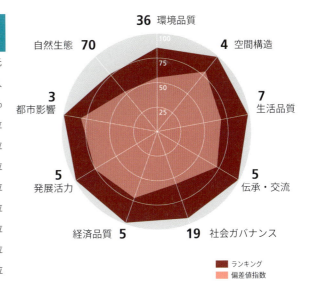

図3-26　中項目指標

広州 | Guangzhou

開放感溢れる貿易都市

広東省の省都である広州市は、広東省の東南部、珠江デルタの北側に位置する。北京市、上海市、深圳市に続く第4の経済規模を誇る都市である。広州は2000年以上にわたり交易の中心地として繁栄してきた。特に明朝と清朝で数百年にわたり中国の対外貿易の唯一の窓口であった。新中国建国後、厳しい国際環境の中で1957年から開かれた広州交易会（中国輸出商品交易会）は一時、中国の輸出の半分までを稼いでいた。

広州市のGDPは1.67兆元（約28.4兆円）に達し、前年比8.3%の伸びを実現した。常住人口は約1,308万人、戸籍人口は約842万人、流動人口は約465万人である。改革開放後、広州は外部から多くの人口を受け入れてきた。

日系企業をはじめとする外国企業の進出も多く、外国人は約8.2万人（2017年末）が居留し、定住している外国人も5.1万人にのぼる。短期滞在の外国人は約50万人にも達している。2016年10月時点での在留邦人（登録ベース）は7,551人であった。

珠江デルタメガロポリスの中枢都市

広東省の省都、広州市は珠江デルタメガロポリスにおける中枢都市であり、陸空海交通のハブ都市でもある。2017年、広州白雲国際空港の年間利用者数は約6,500万人を超え、北京首都国際空港と上海浦東国際空港に次いで、年間利用者数が6,000万人を超える国内3カ所目のハブ空港となった。2018年には第2ターミナルがオープン予定で、年間利用者数は8,000万人まで引き上がるとされている。

2017年の広州港のコンテナ取扱量も2,000万TEUを超え、世界の港湾別コンテナ取扱個数ランキングで第7位となった。

さらに本指標での高速鉄道を含めた「高速鉄道便数」項目においては、広州は中国全国では堂々第1位であった。

市内交通におけるインフラ整備も進んできた。2017年末、新たに地下鉄が4路線開通し、市全体の地下鉄営業距離は合わせて400kmに達した。この距離は中国で第3位、世界でも第10位に相当する。年間の合計地下鉄乗車人数は28億人にのぼり、1日の平均利用者数は1,000万人の大台を突破した。

省都としての広州市は、文化、生活、教育などにおいて周辺地域にその機能を提供している。珠江デルタメガロポリスの二大中枢都市、広州市と深圳市の本指標におけるこれら領域の「輻射力」を比較すると、広州市の優位性が明らかになる。たとえば「医療輻射力」は広州市が第3位、深圳市が第39位、「高等教育輻射力」は広州市が第7位、深圳市が第288位、「文化・スポーツ・娯楽輻射力」は広州市が第3位、深圳市が第7位と、いずれも広州市の方が大きく上回っている。

空から見た珠江と猪徳大橋

巨大経済圏構想「粵港澳大湾区」

いま珠江デルタ一帯を巻き込んだ大型経済構想が進んでいる。2017年7月、中国政府がかねてから構想を練っていた「粵港澳大湾区（広東・香港・マカオ大湾区）」計画について草案が完成したと報じられた。「粵港澳大湾区」は広州市や深圳市をはじめとする広東省9市と、香港、マカオの2つの特別行政区を1つの経済圏として発展させる一大ベイエリア構想である。11都市の人口は約6,795万人で中国全体の5％未満、面積も約5.6万km²で同1％に満たないものの、2017年の合計GDPは10兆元を突破する。2030年までには同地域のGDPが現在の3倍以上になると予想されている。実現すれば、ニューヨーク、サンフランシスコ、東京といった世界有数の湾岸地域を上回り、世界最大の経済規模をもつ巨大なベイエリア経済圏が生まれることになる。

広州 | Guangzhou

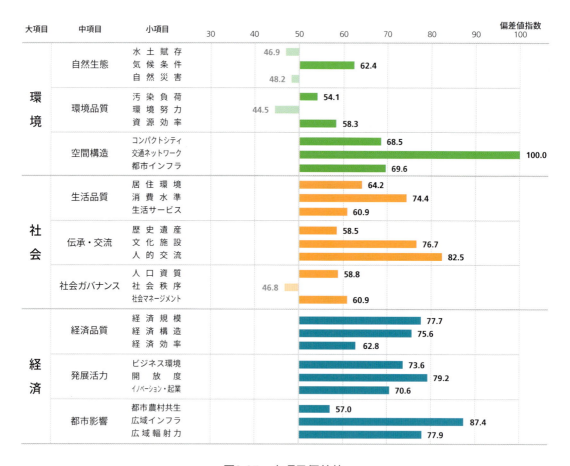

図3-27　小項目偏差値

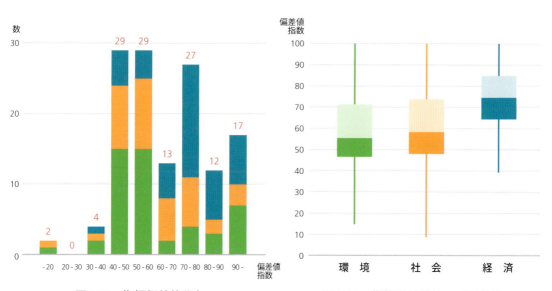

図3-28　指標偏差値分布　　　図3-29　指標偏差値箱ひげ図分析

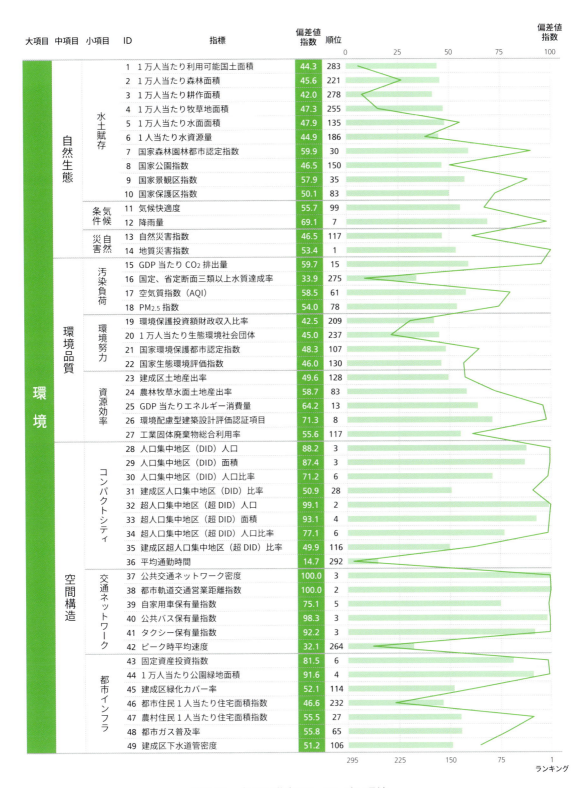

図3-30　各項目指標ランキング：環境

第3章　中国都市ランキング｜トップ10都市分析　55

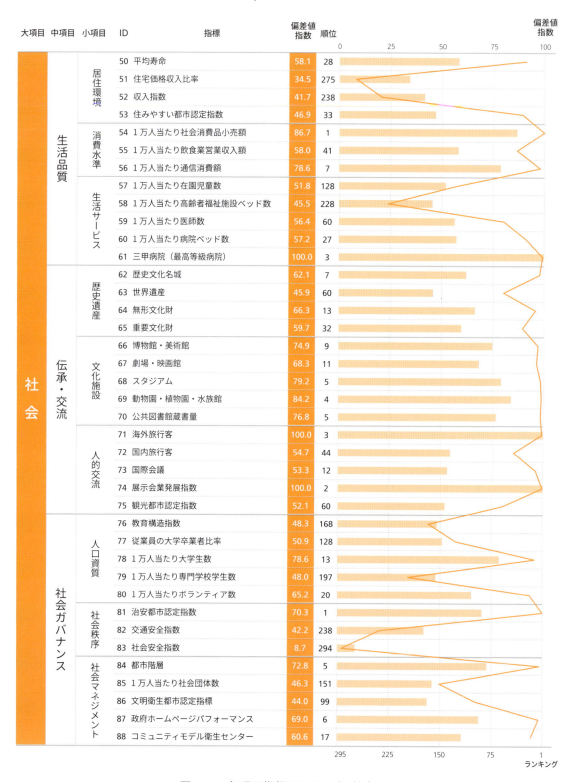

図3-31　各項目指標ランキング：社会

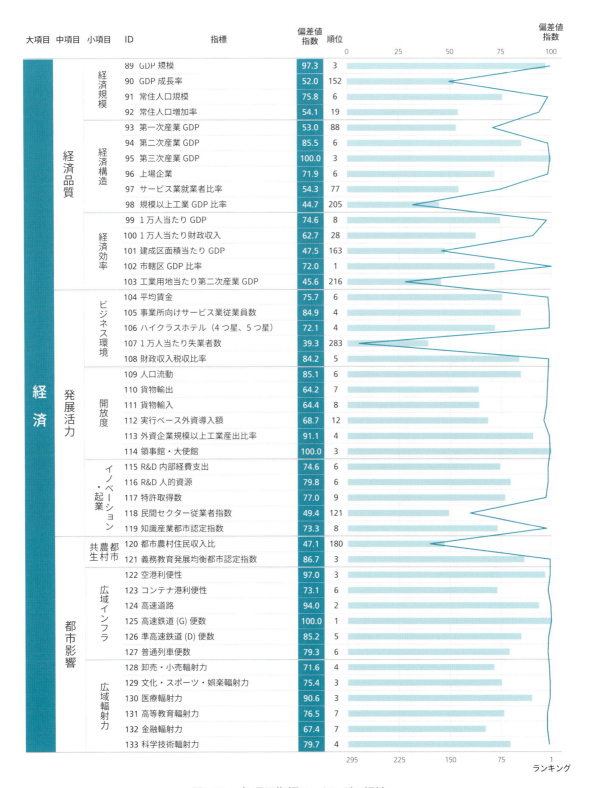

図3-32　各項目指標ランキング：経済

5位 天津 Tianjin

　天津は総合ランキングで第５位。
　「社会」大項目で直轄市の天津は好成績の第３位である。「伝承・交流」中項目では第４位、「社会ガバナンス」中項目では第６位、「生活品質」の中項目では第14位である。
　「経済」大項目で天津は第５位である。「経済品質」と「発展活力」の両中項目指標は優れ、共に第６位であった。「都市影響」中項目では第８位だった。
　「環境」大項目のランキングでは天津のパフォーマンスは奮わず、第74位であった。「空間構造」中項目では第５位で点数を稼いだものの、「自然生態」と「環境品質」の両中項目はそれぞれ第195位、第75位となっている。

表3-5　主要指標

環 境

常住人口	1517 万人
行政区域土地面積	11917 km²
1万人当たり利用可能国土面積全国ランキング	279 位
森林面積率全国ランキング	178 位
1人当たり水資源量全国ランキング	281 位
気候快適度全国ランキング	186 位
空気質指数（AQI）全国ランキング	254 位
PM$_{2.5}$指数全国ランキング	256 位
人口集中地区（DID）人口比重全国ランキング	20 位
軌道交通営業キロ数全国ランキング	12 位

社 会

住宅価格全国ランキング	19 位
国内旅行客数	15300 万人
海外旅行客数	296 万人
世界遺産全国ランキング	60 位
国際会議全国ランキング	8 位

経 済

GDP 規模	15727 億元
1万人当たり GDP	103671 元/人
GDP 成長率	9.4 %
1万人当たり財政収入全国ランキング	7 位
平均賃金全国ランキング	4 位
事業所向けサービス業従業員全国ランキング	9 位
ハイクラスホテル全国ランキング	6 位
貨物輸出全国ランキング	8 位
空港利便性全国ランキング	20 位
コンテナ港利便性全国ランキング	10 位
卸売・小売輻射力全国ランキング	13 位
医療輻射力全国ランキング	11 位
高等教育輻射力全国ランキング	9 位
科学技術輻射力全国ランキング	8 位
文化・スポーツ・娯楽輻射力全国ランキング	22 位
金融輻射力全国ランキング	19 位

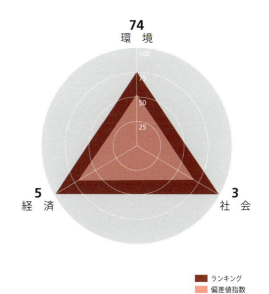

図3-33　大項目指標

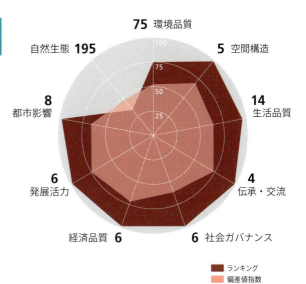

図3-34　中項目指標

天津 | Tianjin

GDPの水増しで物議を

　天津市は中国４大直轄市の１つである。西側には北京市、東側には渤海を望み、かつて洋務運動の重要な拠点として、中国で西洋の制度及び技術を最も早く取り入れた都市の１つである。面積は約11,917㎢と秋田県とほぼ同じ面積で、約1,517万人の常住人口を抱えている。また、世界第10位のコンテナ取扱量（2017年）を誇る天津港を有している。天津港は中国北方における貿易の窓口を担い、後背地はモンゴルやカザフスタンにまで及んでいる。

　ところが、天津市は、市内に設置された「経済開発区（浜海新区）」のGDPの水増し問題で最近世間を騒がしている。2018年１月の同市政府発表によると、同経済開発区2016年のGDPに３割の水増しが発覚した。

　中国ではかねてより地方政府による統計の水増しが指摘されてきた。現在、中央政府は統計基準の調整や捏造への罰則を強めるなど対策に本腰を入れている。統計への疑義を指摘されている地方政府はまだ多数あり、今後も統計データの修正は続いていくと予想される。

停滞する天津エコシティ開発

　統計水増し問題のあった浜海新区には、中国とシンガポールが共同で建設を進めている「天津エコシティ（中新天津生態城）」がある。天津エコシティとは、天津市郊外の約30㎢の塩田跡に、2020年ごろまでに人口35万、住戸11万戸を建設する環境配慮型の次世代都市建設プロジェクトである。投資額は約500億元を見込み、環境配慮型都市開発のモデルとなることが期待されていた。

　中央政府肝いりではじまったこのプロジェクトは、2008年９月から建設が開始され、2018年で工事開始から丸10年が経過する。天津市政府発表では、2016年末で人口は７万人に達し、住戸数は2.7万戸を供給済み、固定資産投資額は累計で約324億元（約5.4兆円）に到達したという。だが、これら発表された数値を見ても、建設の進捗状況は芳しくないのが実情のようだ。浜海新区全体の開発も遅々として進まず、その閑散とした様子は「鬼城（ゴーストタウン）」と揶揄されている。

　さらにこうした状況に拍車をかけたのが2015年８月、同開発区内の危険物倉庫で発生した大規模な爆発事故である。この事故により天津港は一時港湾機能が麻痺状態に陥り、経済損失額は直接的なものだけで約68.7億元（約1,200億円）にのぼるという。

日本との交流

　アヘン戦争後の1860年にイギリスが天津市に租界を設立してから、新中国成立に至るまで日本を含む９カ国が天津市に租界を設立していた。近代日本と中国の最初の接点は上海市と天津市であり、天津市からは華北地域の特産品である「栗」が日本に多く輸出されたことで、「天津甘栗」の名前が馴染みである。

旧フランス租界・津湾広場

　中国の改革開放後、日本政府は巨額な有償・無償の経済援助を行い、日本企業の対中直接投資も拡大を続け、天津にも多くの日系企業が進出した。貿易については、中国の輸入先として2016年、日本は国別で第2位に、金額は1,456億ドル（約15.5兆円）となった。輸出でも1,292億ドル（約13.8兆円）で同第2位となり、日本は中国にとって重要な貿易パートナーとなっている。中国北方の玄関口としての天津が果たした役割は大きい。

　そうした日中関係を象徴するように、2016年に天津市を訪れた外国人は約309万人で、その約4割が日本人であったことが市政府の発表で明らかになった。

天津 | Tianjin

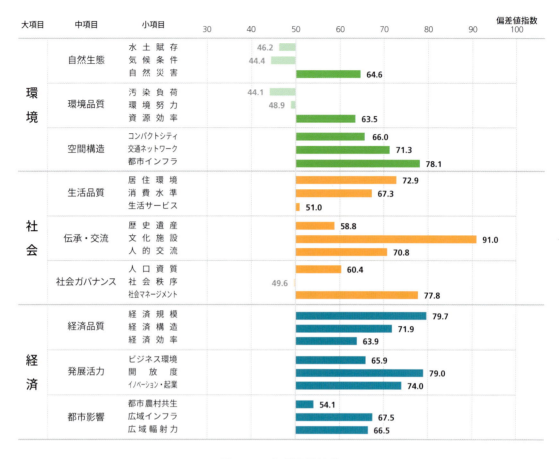

図3-35 小項目偏差値

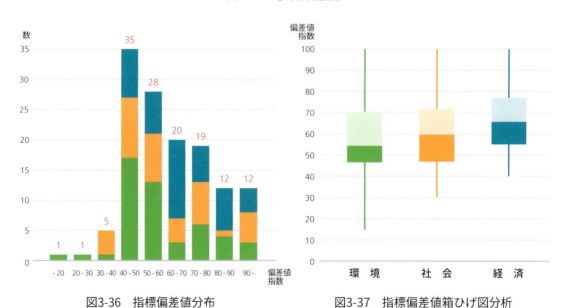

図3-36 指標偏差値分布

図3-37 指標偏差値箱ひげ図分析

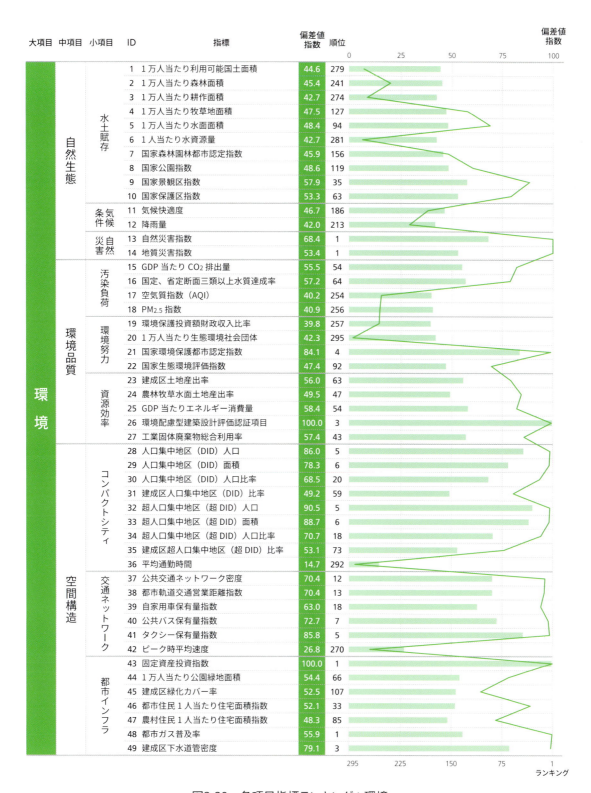

図3-38　各項目指標ランキング：環境

天津 | Tianjin

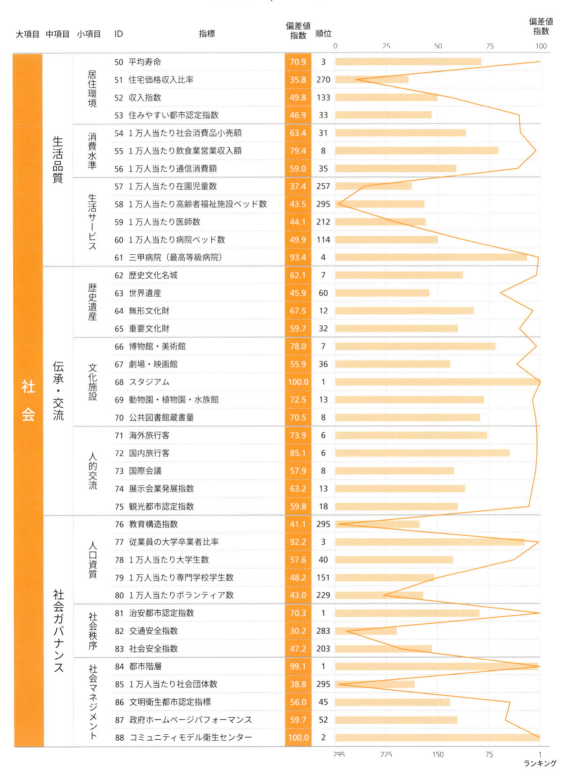

図3-39　各項目指標ランキング：社会

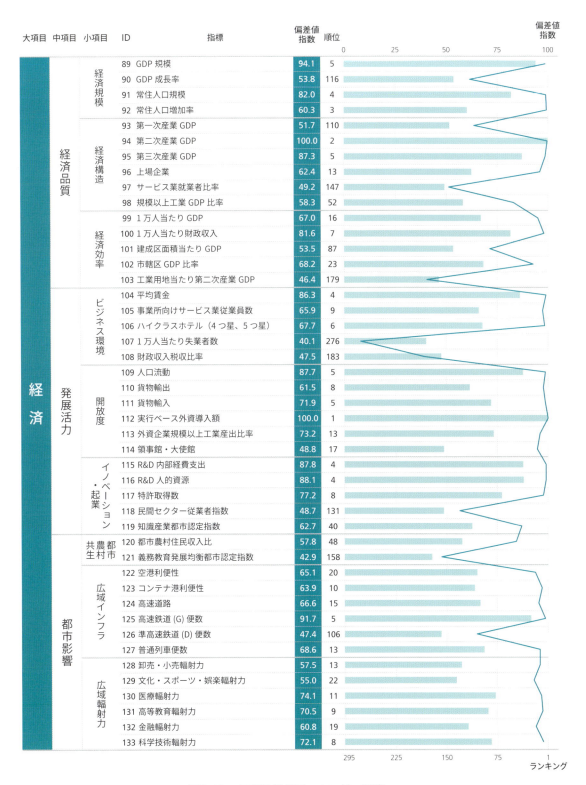

図3-40　各項目指標ランキング：経済

6位 蘇州
Suzhou

　蘇州は総合ランキングで第6位。

　「経済」大項目で蘇州は第6位である。「発展活力」と「経済品質」の両中項目指標で優れ、各々第4位、第7位となった。しかし省都ではない蘇州は「都市影響」中項目でのパフォーマンスはやや振るわず第17位となった。「経済」大項目で蘇州は特に「イノベーション・起業」、「開放度」の両小項目のパフォーマンスが目立った。

　「社会」大項目で蘇州は第8位である。なかでもずば抜けているのは「生活品質」中項目で第4位となった。おそらく外来人口が比較的多いことが原因で「社会ガバナンス」中項目は第36位に留まった。

　「環境」大項目では蘇州は第20位である。「自然生態」、「環境品質」と「空間構造」の3つの中項目で各々第39位、第23位、第23位となった。

表3-6　主要指標

環境

常住人口	1059 万人
行政区域土地面積	8567 km²
1 万人当たり利用可能国土面積全国ランキング	281 位
森林面積率全国ランキング	231 位
1 人当たり水資源量全国ランキング	146 位
気候快適度全国ランキング	43 位
空気質指数（AQI）全国ランキング	180 位
PM$_{2.5}$ 指数全国ランキング	203 位
人口集中地区（DID）人口比重全国ランキング	50 位
軌道交通営業キロ数全国ランキング	22 位

社会

住宅価格全国ランキング	15 位
国内旅行客数	10029 万人
海外旅行客数	145 万人
世界遺産全国ランキング	2 位
国際会議全国ランキング	9 位

経済

GDP 規模	13761 億元
1 万人当たり GDP	129771 元 / 人
GDP 成長率	5.7 %
1 万人当たり財政収入全国ランキング	7 位
平均賃金全国ランキング	15 位
事業所向けサービス業従業員全国ランキング	12 位
ハイクラスホテル全国ランキング	12 位
貨物輸出全国ランキング	3 位
空港利便性全国ランキング	127 位
コンテナ港利便性全国ランキング	13 位
卸売・小売輻射力全国ランキング	17 位
医療輻射力全国ランキング	43 位
高等教育輻射力全国ランキング	237 位
科学技術輻射力全国ランキング	5 位
文化・スポーツ・娯楽輻射力全国ランキング	160 位
金融輻射力全国ランキング	13 位

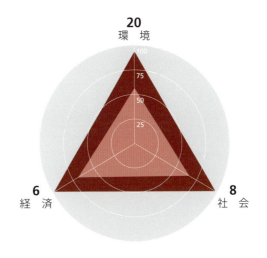

図3-41　大項目指標

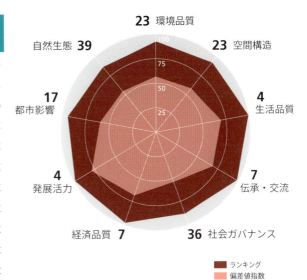

図3-42　中項目指標

蘇州 | Suzhou

トップ10にランクインした唯一「普通」の都市

蘇州市は江蘇省東南部に位置する。本指標の総合ランキングトップ10都市の中で、直轄市でもなく省都でもなく計画単列市（日本の政令指定都市に相当）でもない、いわゆる「普通」の都市である。蘇州市は悠久の歴史を誇る都市であり、水路が街の縦横無尽にはりめぐらされている。その風光明媚な様子は「東洋のベネチア」と讃えられ、国内外から多くの観光客が訪れている。面積は約8,567㎢と広島県とほぼ同じで、そのうち42.5%が、「上海蟹」の主要産地でもある太湖などの水域である。

1990年代にはじまった上海の浦東開発を受け、蘇州市は工場誘致を積極的に進めた。それが功を奏し、同市は新興工業都市として飛躍的な発展を遂げた。蘇州市のGDPは、省都の南京市を上回り江蘇省内で第1位であり、全国でも第7位と好成績を上げた。工業産出額は上海に次いで全国第2位、貨物輸出額は全国第3位であった。

日系企業を含め多くの外資系企業が進出し、蘇州市は実行ベース外資導入額で全国第7位である。2016年末、「フォーチュン・グローバル500」にランクインしている企業のうち150社が蘇州市に進出している。その内訳は、日本が42社、アメリカが34社、フランスとドイツがそれぞれ14社、韓国が12社であった。在留邦人も約7,000人と多く、長江デルタメガロポリスでは上海に次ぎ2校目となる日本人学校も開校している。

中国製造業の都・蘇州

蘇州市が外資系の誘致先として注目されたのは、中央政府が2つの開発区を蘇州市内に建設したからである。ひとつは、旧市街地の西側に設けられた「蘇州高新区」である。同区は1992年に認定を受け、旧市街地の西側に設けられ、上海からは約100kmに位置する。総面積は258㎢で、同区内には電子通信、精密機械など最先端の技術をもつ企業が進出し、研究開発区、輸出加工区、物流センターなどを内包している。

もう一つがシンガポールとの協力で建設された「蘇州工業園区」である。同区は1994年に旧市街地の東側に設置され、上海からは80kmに位置する。総面積は260㎢で、同区内には、繊維製品、精密化学工業、製紙工業、電子工業、機械工業などの工場が数多く集積している。

いずれの開発区も多くの外資メーカーが進出し、蘇州市は外資系の工場が集積する製造業の都となった。蘇州市政府発表では、2015年末の人口構造は、15歳未満人口（年少人口）は9.8%、15歳以上65歳未満人口（生産年齢人口）は79.9%、65歳以上人口（老年人口）は10.3%であり、生産年齢人口の割合がかなり高い。全国各地から若い労働者が流入し、同市の経済発展を牽引している様子が伺える。

蘇州市中心業務地区（CBD）エリア

工場経済からの脱皮

　「世界の工場」として名を馳せた中国はいま、これまでの輸出型製造業重視の政策から、サービス型産業・内需型産業重視へと、政策の舵を大きく切ろうとしている。それは蘇州市も例外ではない。GDPは1.38兆元（約23.2兆円）であり、2010年末時点で41.4％だった第三次産業の比率は47.2％にまで増加している。従業員数ベースでも第三次産業の従業者が36％と前年より8.4％ポイント増加し、産業構造がサービス業にシフトしはじめていることが明らかになった。

　産業構造の高度化につれて、工場への立退き要求などにより、生産停止を余儀なくされるケースが発生している。また近年、人件費の高騰等から多くの企業が戦略転換を余儀なくされ、外資メーカーが蘇州から撤退する事例が相次いでいる。

　日系企業は蘇州市に1,000社以上が進出し、同市には中国に進出した日系企業の3分の1が籍を置いている。だが、日系企業も撤退の波に揉まれている。「チャイナ・フリー（脱中国）」という言葉が新聞紙面を賑わせており、工場を中国から東南アジアなどへ移転させる動きも数多く生じている。

蘇州 | Suzhou

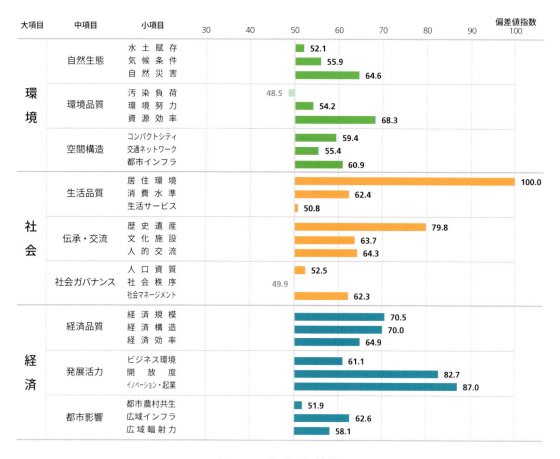

図3-43 小項目偏差値

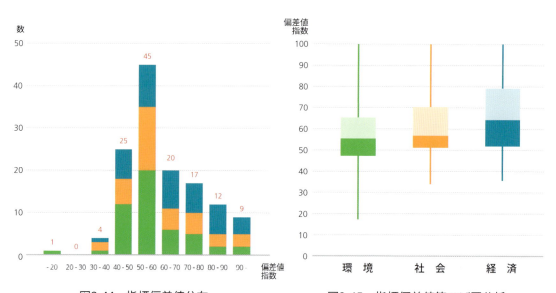

図3-44 指標偏差値分布　　図3-45 指標偏差値箱ひげ図分析

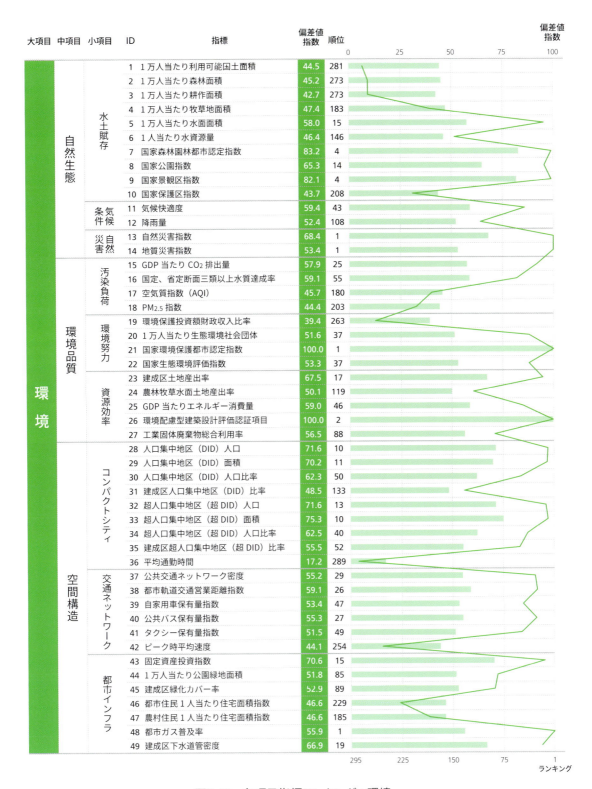

図3-46 各項目指標ランキング：環境

蘇州 | Suzhou

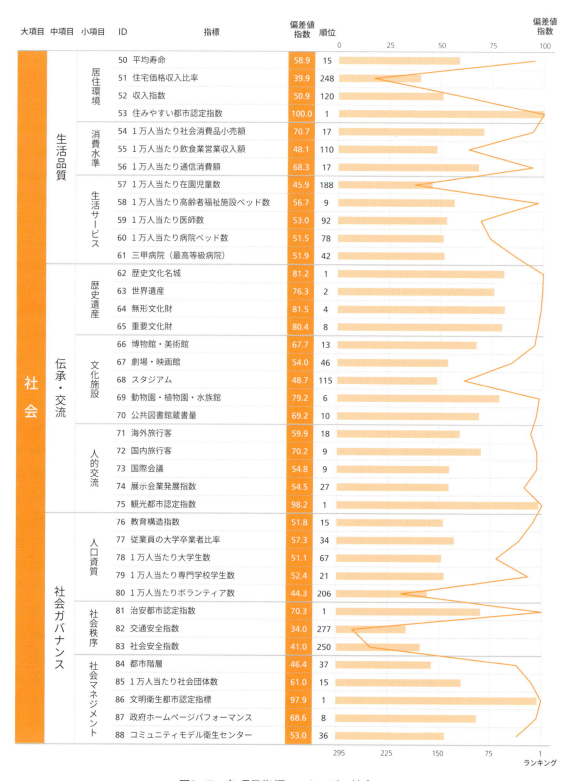

図3-47　各項目指標ランキング：社会

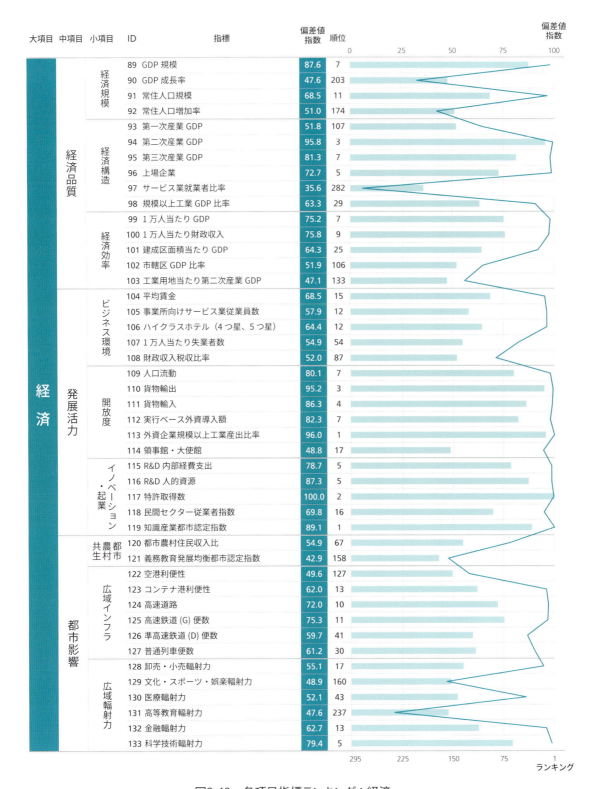

図3-48 各項目指標ランキング：経済

7位 杭州
Hangzhou

　杭州は総合ランキングで第7位。

　「経済」大項目で、杭州は第7位である。「経済規模」と「経済構造」の両小項目の指標で健闘していることで「経済品質」中項目では第9位となった。「ビジネス環境」と「イノベーション・起業」の両小項目に引っ張られ、「発展活力」中項目では第10位である。「広域インフラ」と「広域輻射力」の両小項目に牽引され、「都市影響」中項目では杭州は第5位となっている。

　「社会」の大項目で、杭州は第4位である。「居住環境」小項目で卓越していることから「生活品質」中項目指標で第5位となっている。「歴史遺産」、「文化施設」、「人的交流」の3つの小項目が伸びて、「伝承・交流」中項目で第6位となった。

　「環境」大項目では杭州は第36位に甘んじている。特に「環境品質」中項目指標で第66位と落ち込んだ。「交通ネットワーク」と「都市インフラ」両小項目は健闘し、杭州の「空間構造」中項目は第11位となった。「自然生態」中項目ランキングは第47位であった。

表3-7　主要指標

環 境

常住人口	889万人
行政区域土地面積	16596 km²
1万人当たり利用可能国土面積全国ランキング	197位
森林面積率全国ランキング	47位
1人当たり水資源量全国ランキング	101位
気候快適度全国ランキング	70位
空気質指数（AQI）全国ランキング	148位
PM$_{2.5}$指数全国ランキング	186位
人口集中地区（DID）人口比重全国ランキング	30位
軌道交通営業キロ数全国ランキング	26位

社 会

住宅価格全国ランキング	8位
国内旅行客数	10606万人
海外旅行客数	326万人
世界遺産全国ランキング	2位
国際会議全国ランキング	4位

経 済

GDP規模	9206億元
1万人当たりGDP	103533元/人
GDP成長率	10.3 %
1万人当たり財政収入全国ランキング	13位
平均賃金全国ランキング	9位
事業所向けサービス業従業員全国ランキング	6位
ハイクラスホテル全国ランキング	5位
貨物輸出全国ランキング	10位
空港利便性全国ランキング	12位
コンテナ港利便性全国ランキング	23位
卸売・小売輻射力全国ランキング	6位
医療輻射力全国ランキング	8位
高等教育輻射力全国ランキング	13位
科学技術輻射力全国ランキング	7位
文化・スポーツ・娯楽輻射力全国ランキング	8位
金融輻射力全国ランキング	4位

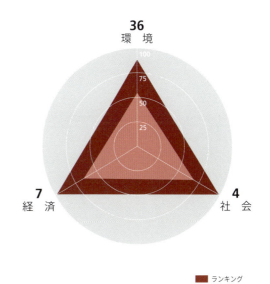

図3-49　大項目指標

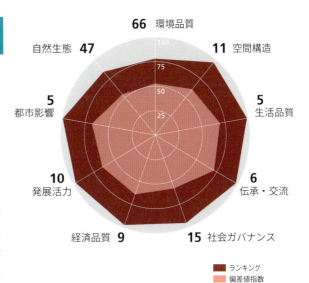

図3-50　中項目指標

杭州 | Hangzhou

IT経済を牽引する都市

　浙江省の北部に位置する杭州市は同省の省都であり、浙江省の政治、経済、文化、交通、金融の中心地である。西安、洛陽、南京、北京、開封、安陽、鄭州と並ぶ「中国八大古都」の1つであり、「地上の楽園」と讃えられるほど風光明媚で、古くから栄えた都市である。世界遺産の西湖や京杭大運河をはじめとする著名な観光地が点在し、国内外から多くの観光客を惹きつける観光都市でもある。本指標の「国内旅行客」項目では第7位、「海外旅行客」では第5位であった。

　長江デルタメガロポリスの主要都市として発展を続けており、2015年に杭州市のGDPは1兆元の大台を突破し、上海、北京、広州、深圳、重慶、蘇州、天津、武漢、成都とともに中国における「1兆元クラブ」の9大都市にはじめて仲間入りを果たした。

　杭州市の2010年〜2015年までの5年間の経済成長率は平均9.6%に達した。1人当たりGDPは、2010年の78,342元（約133万円）から2015年には112,268元（約193万円）に膨らんだ。

　中国は現在、世界で最も「キャッシュレス生活」が進んでいると言われ、その牽引役が「Alipay（支付宝）」と「WeChat Pay（微信支付）」の二大サービスである。「Alipay」は、杭州市に本拠地を置くアリババグループ（阿里巴巴集団）が提供するオンライン決済サービスである。世界最大規模の電子取引で知られるアリババグループは、1999年の設立当時から杭州市内に本社を置き、今では同市の経済発展の主役であると言っても過言ではない。2017年11月11日の「独身の日（双十一）」に実施した販促イベントで、アリババの取引額は1,683億元（約2.9兆円）に到達し、前年実績比で約40%増の大幅な伸びを見せつけた。杭州市のIT経済は、さらなる展開が期待されている。

人材を惹きつける都市

　杭州市政府は2017年、同市が中国で最も人材を受け入れる都市であると発表した。また、同市から海外に留学生として出た数と中国の海外留学帰国者の杭州への居住者数との割合も全国トップであった。北京市、上海市といった国際的な大都市を押さえて同市が第1位になったことは、大きな話題を呼んだ。

　中国のエンジニアが大挙して杭州市に押し寄せる理由の1つが、アリババを中心としたIT企業が提供するさまざまな手厚いサポートやケアである。官民一体となってスタートアップ企業のサポートを充実させ、従業員に住宅手当や自動車手当まで支給する制度が整備されている。アリババの創設者、ジャック・マー（馬雲）が創設したビジネススクールも開校し、杭州市は一大IT都市としての勢いをさらに増している。

G20杭州サミットと進むコンベンション産業

　2016年9月、20カ国・地域（G20）首脳会議「G20杭州サミット」が杭州で開催された。2

杭州市中心業務地区（CBD）エリア

日間にわたり、「革新、活力、連動、包摂の世界経済構築」をテーマに、多岐にわたった議論が各国の参加者の間で交わされた。

　コンベンション産業の経済波及効果は大きく、現在では世界各国がその産業育成に力を入れている。中国政府も、2020年までに同国を国際コンベンション大国にまで成長させる目標を掲げている。「G20杭州サミット」の開催はその最たる動きである。

　国際見本市連盟（UFI）の報告によると、中国の会場施設規模、販売展示面積はすでに米国に次いで世界第2位になった。一方で、会場施設の過剰、低稼働率などの問題も指摘されている。施設屋内展示面積（2016年末）は、中国全土では108施設で約560万㎡、日本は14施設で約36万㎡と、中国は日本の約15.6倍の規模になっている。対して、コンベンション業の推定売上額（2015年末）は、中国の18億ドル（約1,919億円）に対し、日本は9.7億ドル（約1,034億円）と約1.9倍に留まっている。

　杭州市は本指標の「国際会議」及び「展示会業発展指数」両項目において、その全国ランキングが第4位、第10位となっている。

　2022年には杭州市で「第19回アジア競技大会」が開催される予定である。杭州市は観光、レジャー、コンベンションをツーリズム産業発展の三大エンジンとする政策を打ち出し、コンベンション都市としての発展を目指している。

杭州 | Hangzhou

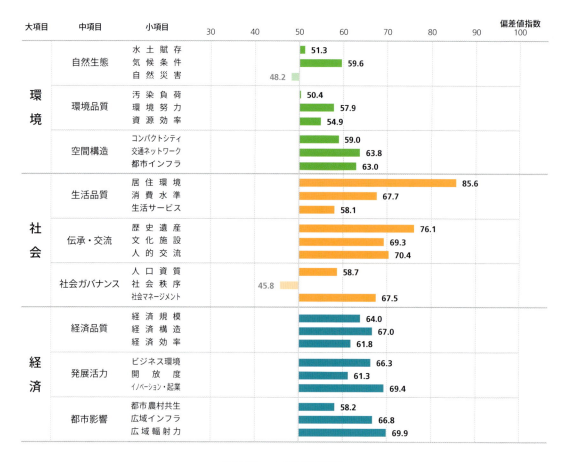

図3-51　小項目偏差値

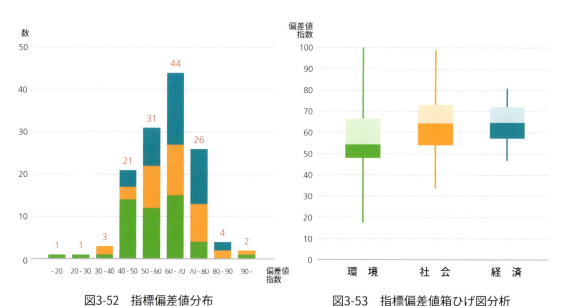

図3-52　指標偏差値分布　　　図3-53　指標偏差値箱ひげ図分析

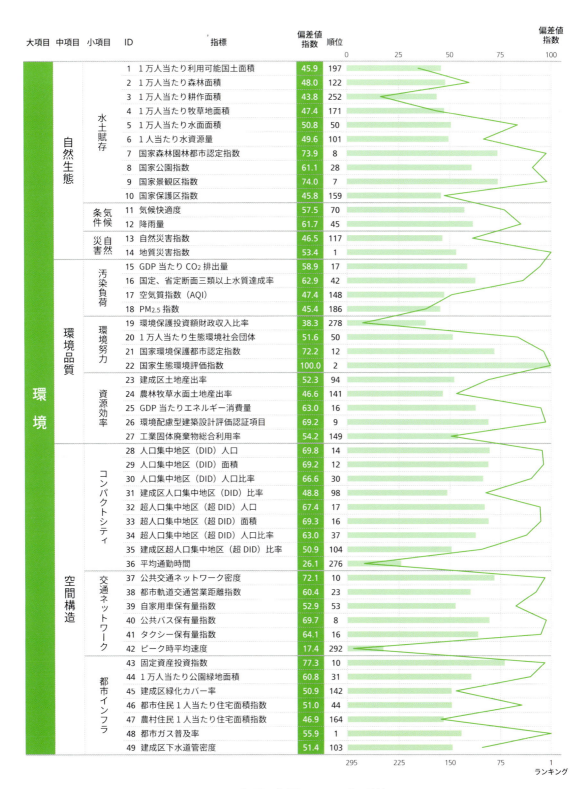

図3-54　各項目指標ランキング：環境

杭州 | Hangzhou

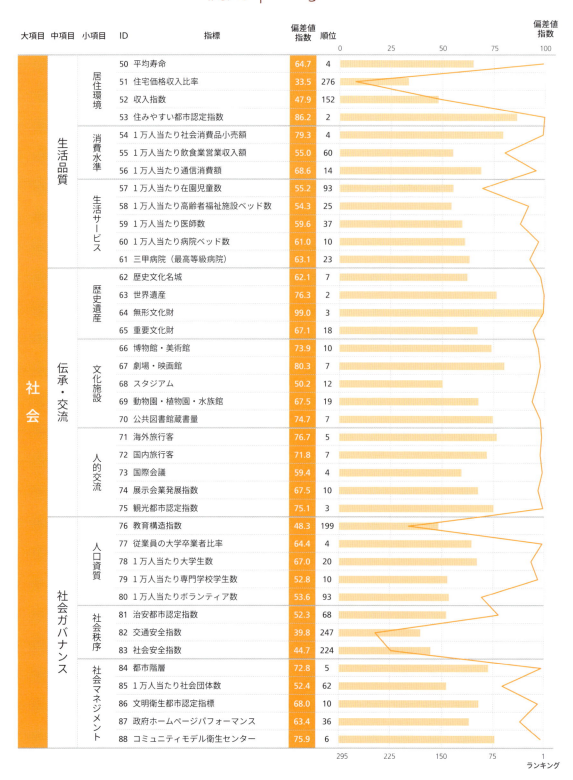

図3-55　各項目指標ランキング：社会

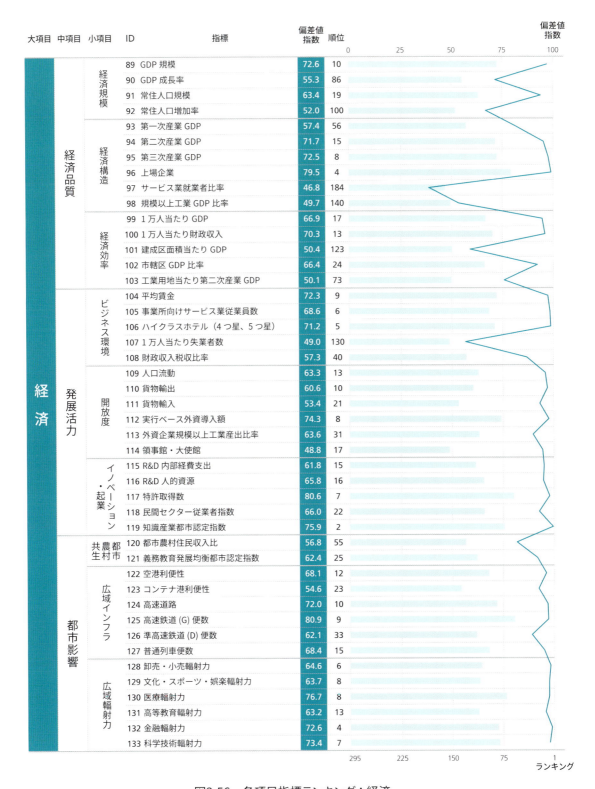

図3-56　各項目指標ランキング：経済

8位 重慶
Chongqing

　重慶は総合ランキングで第8位。
　「社会」大項目で重慶は第6位である。「伝承・交流」中項目では第3位であったが、「生活品質」中項目では、第126位に落ち込んだ。「社会ガバナンス」中項目は第26位であった。
　「経済」大項目で重慶は第8位である。「経済規模」と「経済構造」の両小項目が健闘し、「経済品質」中項目指標で第4位となった。「発展活力」と「都市影響」の両中項目指標では各々第20位と第14位だった。「経済」大項目では「経済効率」、「開放度」、「都市農村共生」の3つの小項目指標がやや劣り、それぞれ第94位、第58位、第110位に甘んじている。
　「環境」大項目では重慶は第25位である。「環境品質」中項目指標は劣り、第129位に陥った。だが、「自然生態」と「空間構造」の両中項目では各々第9位、第8位につけた。

表3-8　主要指標

環境

常住人口	2991 万人
行政区域土地面積	82374 km²
1 万人当たり利用可能国土面積全国ランキング	154 位
森林面積率全国ランキング	84 位
1 人当たり水資源量全国ランキング	90 位
気候快適度全国ランキング	13 位
空気質指数（AQI）全国ランキング	138 位
PM2.5 指数全国ランキング	179 位
人口集中地区（DID）人口比重全国ランキング	139 位
軌道交通営業キロ数全国ランキング	8 位

社会

住宅価格全国ランキング	41 位
国内旅行客数	30538 万人
海外旅行客数	264 万人
世界遺産全国ランキング	2 位
国際会議全国ランキング	9 位

経済

GDP 規模	14263 億元
1 万人当たり GDP	47679 元 / 人
GDP 成長率	12.7 %
1 万人当たり財政収入全国ランキング	61 位
平均賃金全国ランキング	47 位
事業所向けサービス業従業員全国ランキング	3 位
ハイクラスホテル全国ランキング	3 位
貨物輸出全国ランキング	11 位
空港利便性全国ランキング	16 位
コンテナ港利便性全国ランキング	223 位
卸売・小売輻射力全国ランキング	9 位
医療輻射力全国ランキング	7 位
高等教育輻射力全国ランキング	11 位
科学技術輻射力全国ランキング	30 位
文化・スポーツ・娯楽輻射力全国ランキング	208 位
金融輻射力全国ランキング	48 位

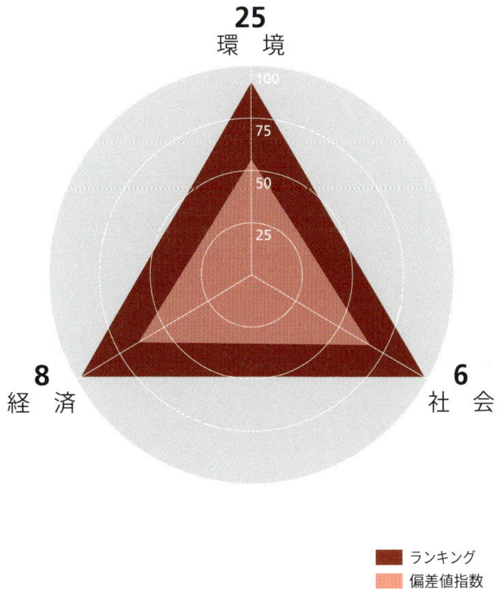

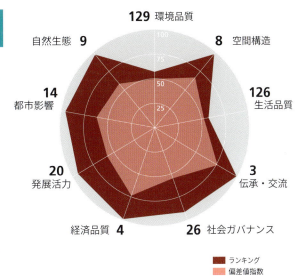

図3-57　大項目指標

図3-58　中項目指標

重慶 | Chongqing

戦時首都だった重慶

　重慶市は長江上流に位置し、上海市からは約2,500km西南にある内陸部の直轄市である。重慶市は長江と嘉陵江という2本の河川が合流する地点に開け、山や川の入り組んだ高低差の激しい半島状の地形になっている。市内の標高差は220m近くもあり、長い階段が街の随所に見られる独特の風景をつくりだしている。重慶市は北海道に相当する8.2万km²の面積に約2,991万人という世界の都市の中で最大の人口規模を抱える。夏季の気候が高温多湿であるため、南京市、武漢市と並び三大「かまど」と言われている。

　重慶市は長い歴史を持つ都市であり、『三国志』の「蜀」に属する地として日本でも有名である。1891年に開港し、中国西南部における近代化の拠点となった。1937年から1946年までは中華民国政府の「戦時首都」が置かれ、日中戦争時代の中国の心臓部であった。

直轄市への昇格、西部開発から一帯一路へ

　新中国建国後、重慶市は四川省の一部であった。1983年には「計画単列市（日本の政令指定都市に相当）」に昇格。1997年に四川省から独立し、北京、上海、天津に続く直轄市となった。現在では西南エリアの中枢機能が集約され、内陸部地域の活性化を目的とする「西部大開発」政策の一大拠点となっている。

　「西部大開発」の推進でインフラが整備され、特に直轄市となって以来の約20年間、重慶市のGDPは年平均12.0％の成長率を実現した。重慶市のGDPは1.43兆元（約24.3兆円）に達したものの、1人当たりGDPは47,679元（約81万円）で、同じ西部地域の中心都市である成都市の同69,704元（約118万円）には及ばない。

　重慶市には2010年6月、中国国内3番目の国家級新区「重慶両江新区」が設置された。2017年には貿易や投資などの規制緩和を重点的に進める「自由貿易試験区（重慶自貿区）」も開設され、国際貿易都市としての性格が強まり、現在中国政府が推進する「一帯一路」の重要な拠点としての役割も担うこととなった。

　2016年の重慶市への実行ベース外資導入額は113.4億ドル（約1.2兆円）に達し、西部地域のトップである。重慶市に進出している「フォーチュン・グローバル500」の企業は272社にも達している。

人口流出都市

　本指標の「人口流動」項目で、重慶市は中国全土295地級市以上の都市でワースト1位であった。流動人口はマイナス384万人にも達し、すなわち横浜市と同規模の人口が、戸籍を移さずに市外へと流出、出稼ぎ労働者（農民工）となった。第4章の「人口流動」分析図（図4-17、4-18）からわかるように、中国の出稼ぎ労働者は、重慶市や四川省、河南省、安徽省、貴州省といった内陸部の農村地域から沿海部の大都市に大量に流出している。農村部では収入も低く

重慶市の高層ビル群

雇用の機会も少ないため、労働者として沿海部の都市へと流出するのである。戸籍制度のもとですべての中国人は「農村戸籍」と「都市戸籍」に分けられ、出稼ぎ労働者のほとんどは農村戸籍である。農村戸籍から都市戸籍への転換は厳しく制限されているため、都市部で農村戸籍者は教育や福祉、就職の機会などにおいて多くの不利益を被っている。2014年7月、中国国務院は戸籍制度改革に乗り出す意向を示し、現在、戸籍制度そのものの改革が迫られている。

重慶 | Chongqing

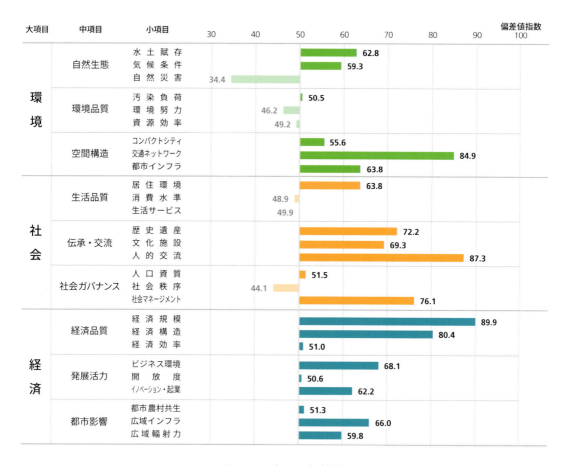

図3-59 小項目偏差値

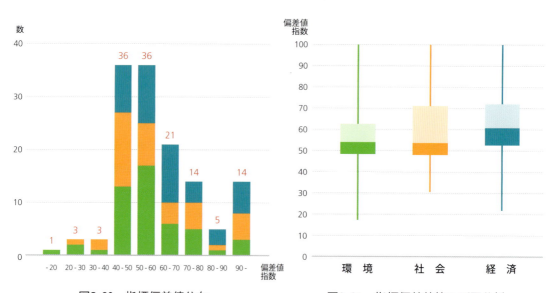

図3-60 指標偏差値分布

図3-61 指標偏差値箱ひげ図分析

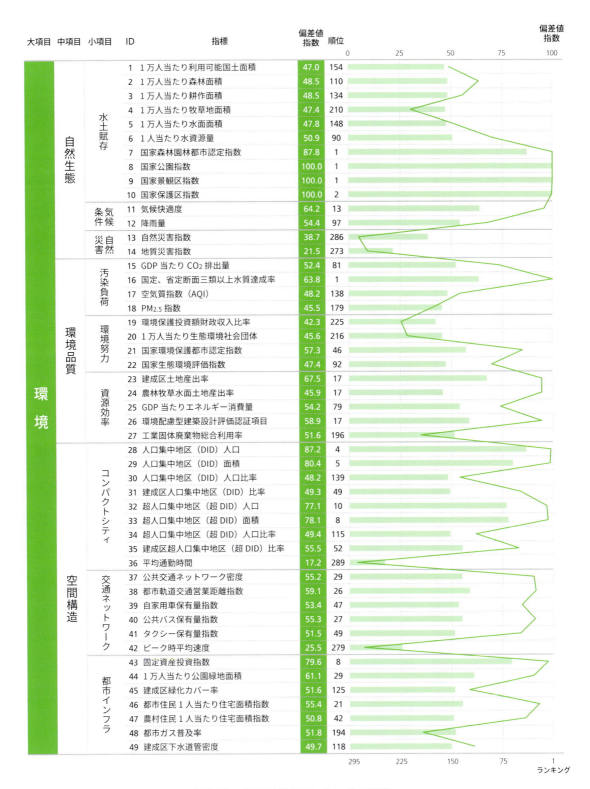

図3-62　各項目指標ランキング：環境

重慶 | Chongqing

図3-63　各項目指標ランキング：社会

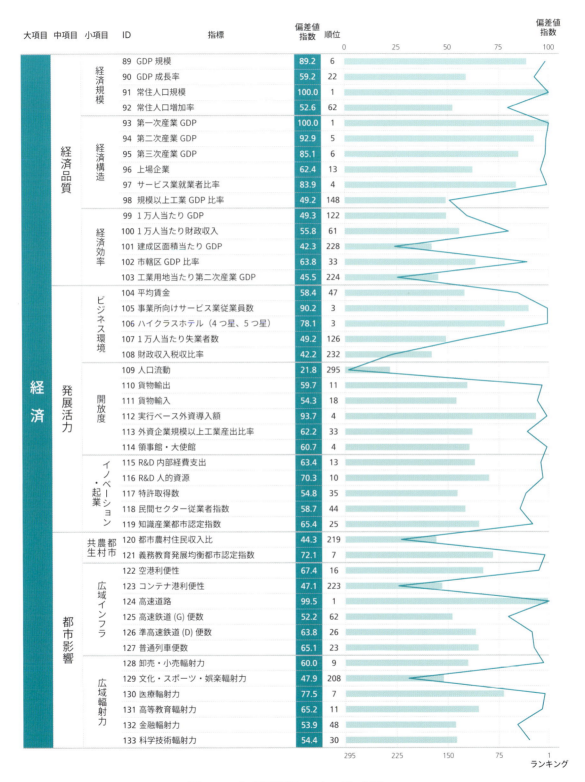

図3-64　各項目指標ランキング：経済

9位 南京 Nanjing

　南京は総合ランキングで第9位。

　「社会」の大項目で、南京は第7位である。「生活品質」、「伝承・交流」、「社会ガバナンス」の3つの中項目はおしなべて優れ、各々第8位、第9位、第8位につけた。「社会」大項目で最も点数を稼いだのは、小項目「居住環境」の良さであった。

　「経済」大項目で南京は第9位である。「経済品質」、「発展活力」、「都市影響」の3つの中項目ですべて秀で、各々第10位、第9位、第7位。「経済」大項目で突出している小項目は「イノベーション・起業」、「広域輻射力」である。

　「環境」大項目では南京はあまり理想的とは言えず、第32位である。「自然生態」「環境品質」の両中項目で第73位、第68位と落ち込んだ。だが「空間構造」中項目は第6位につけ、点数を稼いだ。

表3-9　主要指標

環 境

常住人口	822万人
行政区域土地面積	6587 km²
1万人当たり利用可能国土面積全国ランキング	276位
森林面積率全国ランキング	211位
1人当たり水資源量全国ランキング	160位
気候快適度全国ランキング	47位
空気質指数（AQI）全国ランキング	201位
PM$_{2.5}$指数全国ランキング	200位
人口集中地区（DID）人口比重全国ランキング	13位
軌道交通営業キロ数全国ランキング	7位

社 会

住宅価格全国ランキング	10位
国内旅行客数	9419万人
海外旅行客数	57万人
世界遺産全国ランキング	16位
国際会議全国ランキング	4位

経 済

GDP規模	8821億元
1万人当たりGDP	107359元／人
GDP成長率	10.1％
1万人当たり財政収入全国ランキング	16位
平均賃金全国ランキング	5位
事業所向けサービス業従業員全国ランキング	10位
ハイクラスホテル全国ランキング	17位
貨物輸出全国ランキング	17位
空港利便性全国ランキング	38位
コンテナ港利便性全国ランキング	27位
卸売・小売輻射力全国ランキング	5位
医療輻射力全国ランキング	12位
高等教育輻射力全国ランキング	4位
科学技術輻射力全国ランキング	11位
文化・スポーツ・娯楽輻射力全国ランキング	5位
金融輻射力全国ランキング	8位

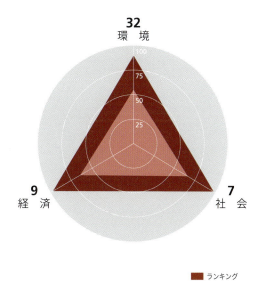

図3-65　大項目指標

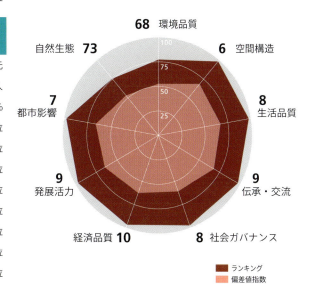

図3-66　中項目指標

南京 | Nanjing

歴史上首都が多く置かれた要塞都市

南京市は江蘇省の省都であり、江蘇省の政治、経済、科学技術、教育、文化の中心となっている。長江の入江から380kmに位置する東西南北を結ぶポジションから、南京市には古くから数多くの王朝の都が設けられてきた。「南京」とは「南の都」という意味をもち、名高い中国古都の1つである。

最初に南京市が首都になったのは、今から約2,800年前、春秋時代の呉の時代であった。その後、東晋、六朝、南唐、明といった十の王朝が帝都と定めた歴史より「十朝都会」と呼ばれている。太平天国や中華民国統治時代には首都として定められた。14世紀から15世紀にかけては、世界最大の都市として栄華を誇った。

南京市は中国の南北の境目という地理的に重要な位置にあり、古来よりこの地は戦略的な要塞であった。そのため、同市には今も立派な城壁がそびえ立っている。明の時代には、全長約35km（山手線の1周分に相当）、高さ14〜21m、13の城門という巨大な城壁が市内を囲むように建設され、まさしく要塞都市であった。

産業の高度化が進む南京市

南京市のGDPは0.88兆元（約15兆円）に達し、1人当たりGDPも107,359元（約183万円）に達した。

南京市の産業は高度化が進んでいる。南京市は経済規模では蘇州市に引けを取っているものの、教育・科学技術の集積と人材ストックを活かし、知識産業で省都としての立場を挽回しつつある。

従業員数を比較するとそれは顕著となる。たとえば、製造業の従業員数は、南京市は約56万人、蘇州市は約219万人であり、蘇州市は工業都市としての側面が強い。一方、研究開発の従業員数は、南京市は約7.2万人、蘇州市は約2.3万人である。さらにIT関係の従業員数は、南京市は約14.9万人、蘇州市は約4.5万人であった。特にソフトウェア産業において南京市は、北京市、深圳市、上海市に続く中国で4番目の規模を持つ。

本指標の「平均賃金」項目では、南京市は全国第5位、蘇州市は同第15位である。人材の行き先として、蘇州市より南京市が好まれるようだ。

蘇州に勝る中心機能

長江デルタ地域に産業集積と人口が増大するなかで、南京は省都として行政、企業、金融、教育、医療等の都市の中枢機能を高めてきた。

上海、深圳、香港のメインボード（主板）市場に上場している企業の総数（2017年末）は、南京市は48企業、蘇州市は20企業であり、2倍以上の差がある。

南京市は文化教育都市として名高く、人材のストックが多い。市内には百年以上の歴史ある

長江から見る南京市

名門「南京大学」をはじめ、数多くの一流大学を抱えている。本指標の「高等教育輻射力」項目は南京市が全国第4位で、蘇州市が第237位である。

医療面においては、「医療輻射力」項目では南京市が全国第12位、蘇州市が第43位である。

本指標の「文化・スポーツ・娯楽輻射力」項目では南京市が全国第5位、蘇州市が第160位である。「劇場・映画館」の数では南京市が全国第8位、蘇州市が第46位となっており、その差は歴然である。

南京は中国の一大交通ハブでもある。「空港利便性」項目では南京市が全国第38位、蘇州市が第127位。「都市軌道交通営業距離指数」項目では南京市が全国第4位、蘇州市が第26位。「高速鉄道便数」では南京市が全国第6位、蘇州市が第11位である。

省都としての立場、地政学的な優位性、そして人材ストックなどで培った中心機能は、南京をさらに大きく変貌させるだろう。

南京 | Nanjing

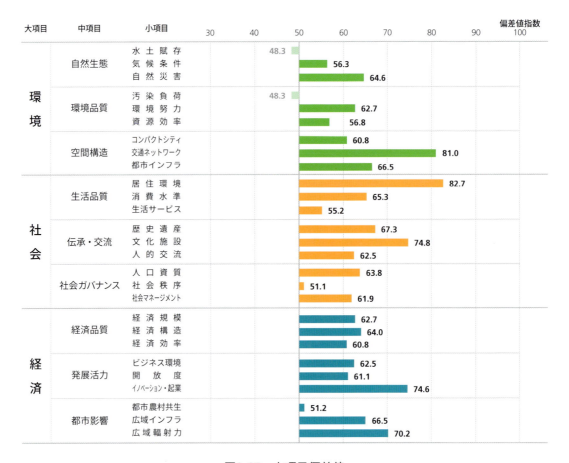

図3-67　小項目偏差値

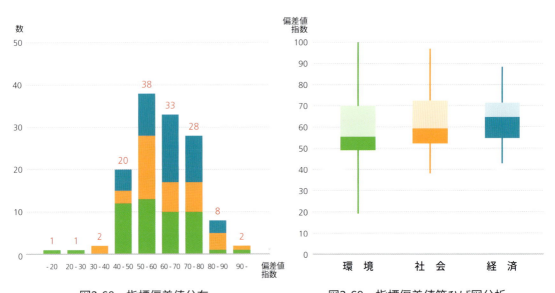

図3-68　指標偏差値分布

図3-69　指標偏差値箱ひげ図分析

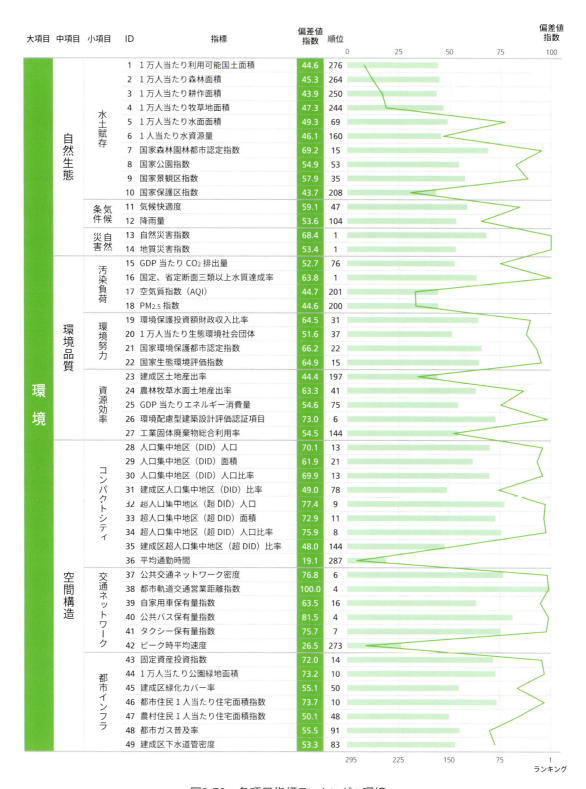

図3-70　各項目指標ランキング：環境

南京 | Nanjing

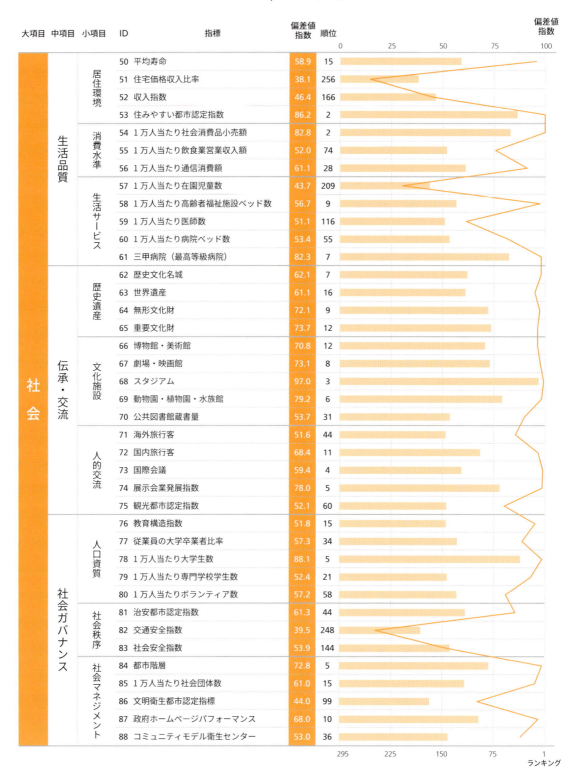

図3-71　各項目指標ランキング：社会

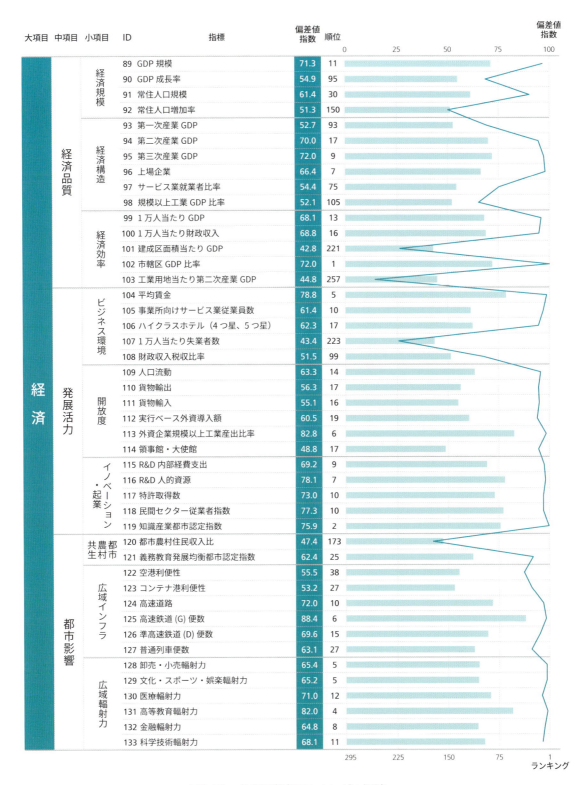

図3-72 各項目指標ランキング：経済

10位 武漢 Wuhan

　武漢は総合ランキングで第10位。
　「社会」大項目で武漢は第9位である。「生活品質」、「伝承・交流」、「社会ガバナンス」の3つの中項目指標でおしなべて良く、各々第11位、第12位と第9位であった。「社会」大項目で武漢が突出している小項目は「人的交流」と「消費水準」と「文化施設」であった。
　「経済」大項目で、武漢は第11位である。「都市影響」と「経済品質」の両中項目が目立ち、それぞれ第6位と第8位になった。しかし「ビジネス環境」と「開放度」の両小項目が共に第16位だったことにより、「発展活力」中項目で第15位と下げた。
　「環境」大項目で武漢は第41位である。「自然生態」と「環境品質」の両中項目は振るわず、第83位と第99位であった。「交通ネットワーク」「都市インフラ」の両小項目指標は高得点で、武漢の「空間構造」中項目は第7位にランクインした。

表3-10　主要指標

環境

常住人口	1034 万人
行政区域土地面積	8569 km²
1万人当たり利用可能国土面積全国ランキング	275 位
森林面積率全国ランキング	229 位
1人当たり水資源量全国ランキング	203 位
気候快適度全国ランキング	127 位
空気質指数（AQI）全国ランキング	249 位
PM$_{2.5}$指数全国ランキング	249 位
人口集中地区（DID）人口比重全国ランキング	21 位
軌道交通営業キロ数全国ランキング	6 位

社会

住宅価格全国ランキング	36 位
国内旅行客数	19127 万人
海外旅行客数	171 万人
世界遺産全国ランキング	60 位
国際会議全国ランキング	4 位

経済

GDP 規模	10069 億元
1万人当たり GDP	97403 元/人
GDP 成長率	11.2 %
1万人当たり財政収入全国ランキング	3 位
平均賃金全国ランキング	30 位
事業所向けサービス業従業員全国ランキング	11 位
ハイクラスホテル全国ランキング	10 位
貨物輸出全国ランキング	35 位
空港利便性全国ランキング	25 位
コンテナ港利便性全国ランキング	116 位
卸売・小売輻射力全国ランキング	8 位
医療輻射力全国ランキング	9 位
高等教育輻射力全国ランキング	6 位
科学技術輻射力全国ランキング	12 位
文化・スポーツ・娯楽輻射力全国ランキング	10 位
金融輻射力全国ランキング	20 位

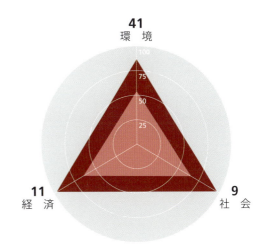

図3-73　大項目指標

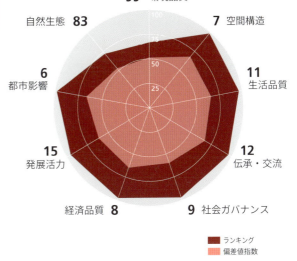

図3-74　中項目指標

武漢 | Wuhan

中部地域の最大都市

　武漢市は湖北省の省都である。中国中部地域の最大都市であり、工業、科学、教育の重要な拠点都市でもある。総面積は約8,569㎢で広島県とほぼ同じ面積である。

　武漢市は世界でも水資源が最も豊富な都市のひとつであり、水域面積は全市の面積の４分の１を占めている。武漢市の水域面積は2,217.6㎢（琵琶湖の面積の約3.3倍）、水域の面積カバー率は26.1％である。

　武漢市は中国東西軸の長江と、南北軸の陸上大動脈が交差する場所に位置している。故に、交通のハブ機能が発達している。本指標の「空港利便性」項目では全国第25位、航空旅客数は第12位である。「高速鉄道便数」は全国第13位で、「準高速鉄道便数」は第２位であった。

　2004年から2014年までの10年間、武漢市のGDPは年平均13.2％の成長率を実現し、GDPは約1.01兆元（約17兆円）で、１人当たりのGDPは97,403元（約166万円）となった。面積は湖北省の5.6％にすぎないものの、同省全体のGDPの約38.7％を占めている。同省内における貿易額、実行ベース外資導入額のシェアはさらに高くそれぞれ64.8％、69.7％に達している。

人口引き留め政策

　人口面でも武漢市は湖北省で一極集中の状況にある。武漢市は常住人口を約1,034万人抱え、これは中国中部地域６省の省都のなかで最も多い。本指標の「人口流動」項目では、湖北省内12都市のうち10都市がマイナスで、つまり他の都市へ人口が流出している。これに対して武漢市は、流動人口が約207万人の大幅プラスになっており、全国においても第10位の人口流入都市である。

　一方、武漢市政府の発表では、同市は89の大学、95の科学研究所、130万人弱の大学生を抱えていながら、大卒者のうち同地に残る者は５分の１にも満たない。そこで、2017年、武漢市政府は向こう５年間で大卒者100万人を同市内に引き留めるプロジェクトを発表した。同市の大卒者は市場価格を２割下回る価格で住宅を購入できるか、あるいは市場価格を２割下回る価格で住宅を借りられる制度を設けた。また、最低年収の設定、就職の斡旋、起業のサポートなど「大卒者に最も友好的な都市」へ向けたさまざまな政策を打ち出している。経済のグローバル化と知識集約型産業が進展していくなかで、中国の各都市間の人材の育成と獲得競争が激しくなっている。

中国で最も高いビル「武漢緑地中心」を建設

　世界中で超高層ビルの建設ラッシュが起こっており、それをリードしているのが中国である。なかでも、最も注目されているのが、2011年から建設が進む「武漢緑地中心（Wuhan Greenland Center）」である。竣工予定は2019年で、完成すると高さ636m、地上125階・地下６階の規模で、延床建築面積は約30万㎡、総投資額は300億元（約5,078億円）以上になるという。現在、世

長江沿いの新興住宅地区

界一高いビルはドバイで建設された「ブルジュ・ハリファ」（高さ828m）であり、「武漢緑地中心」が完成すると世界第2位のビルになり、「上海中心」（高さ632m）を抜く中国で最も高いビルとなる。

　世界の建築専門家らが編集する「高層ビル・都市居住評議会（CTBUH）」のレポートによると、2016年に世界で建設された超高層ビル（高さ200m以上）は128棟であったが、そのうち84棟が中国に建設され、中国は9年連続で超高層ビルの竣工面積が最も多い国となった。また、2016年末時点で、中国全土の超高層ビル数は485棟に達し、2000年時点の49棟から10倍近くに増えた。

武漢 | Wuhan

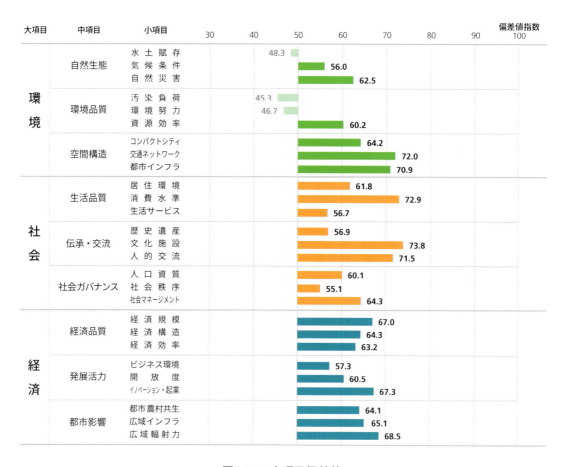

図3-75 小項目偏差値

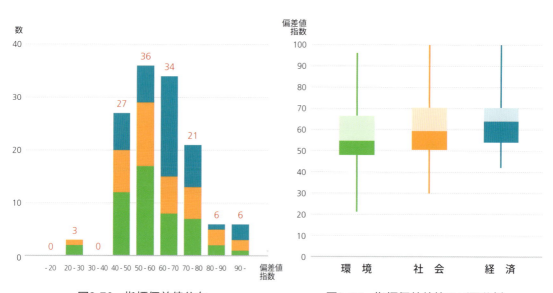

図3-76 指標偏差値分布　　　　　図3-77 指標偏差値箱ひげ図分析

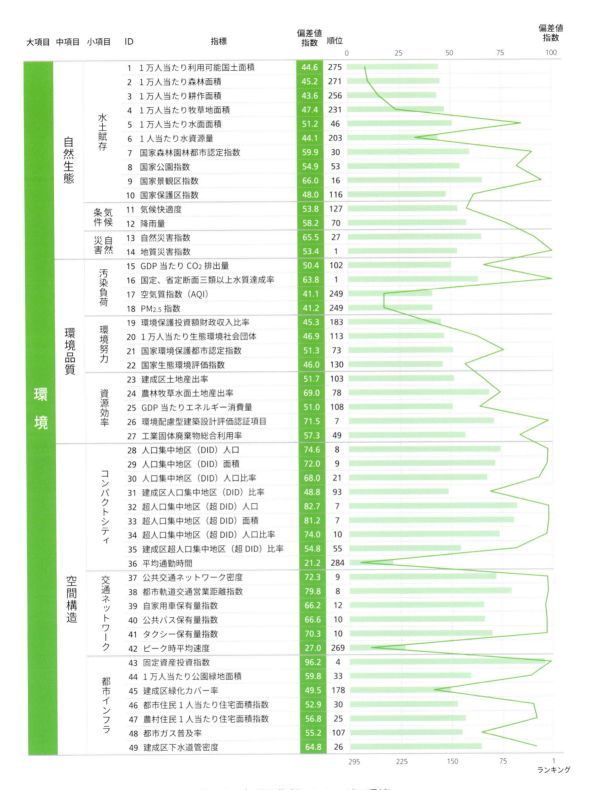

図3-78　各項目指標ランキング：環境

武漢 | Wuhan

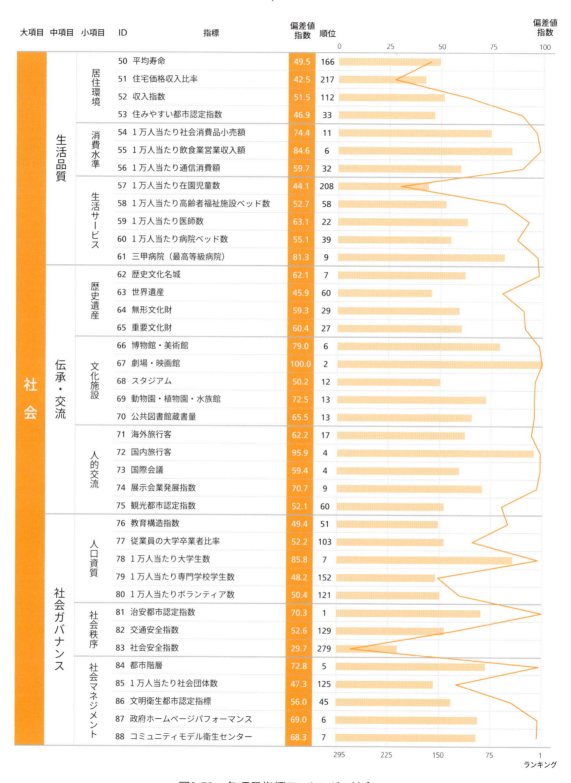

図3-79　各項目指標ランキング：社会

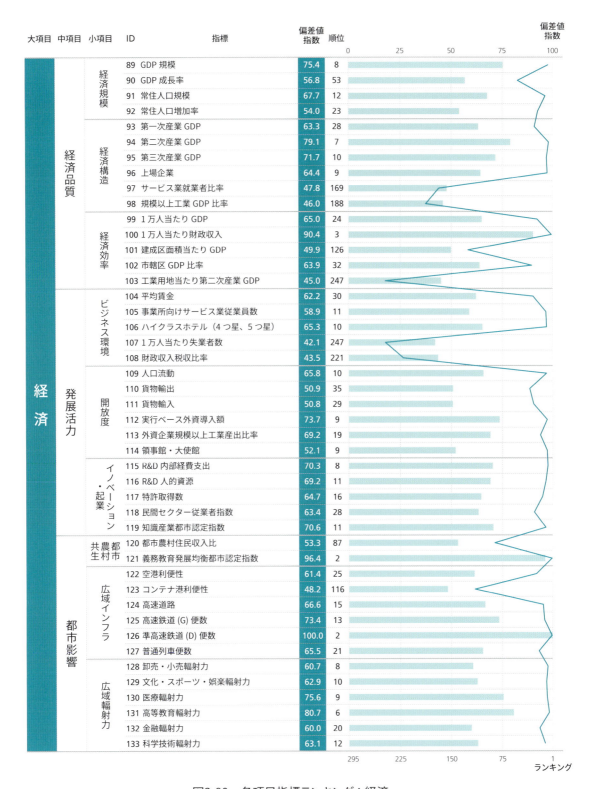

図3-80　各項目指標ランキング：経済

4

図で見る
中国都市パフォーマンス

1. 気候快適度

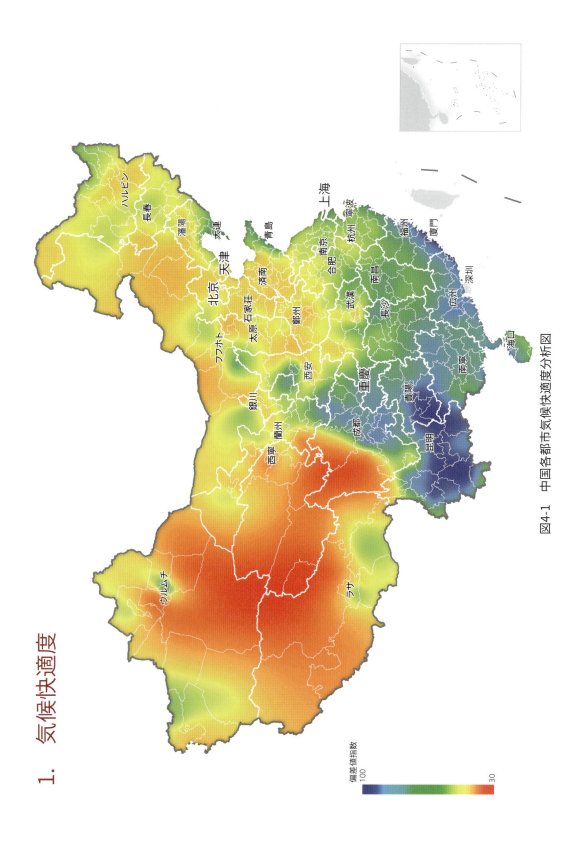

図4-1 中国各都市気候快適度分析図

2. 降雨量

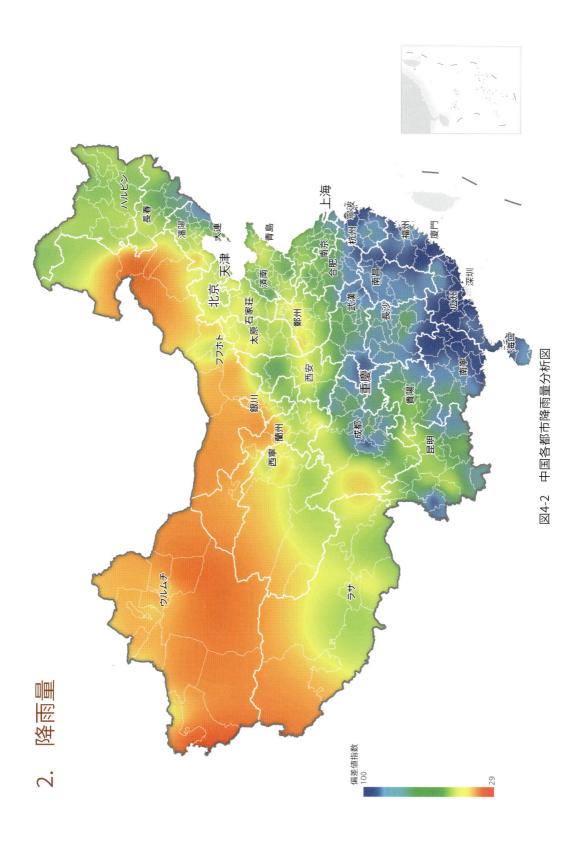

図4-2 中国各都市降雨量分析図

第4章 図で見る中国都市パフォーマンス　109

3. 森林面積率

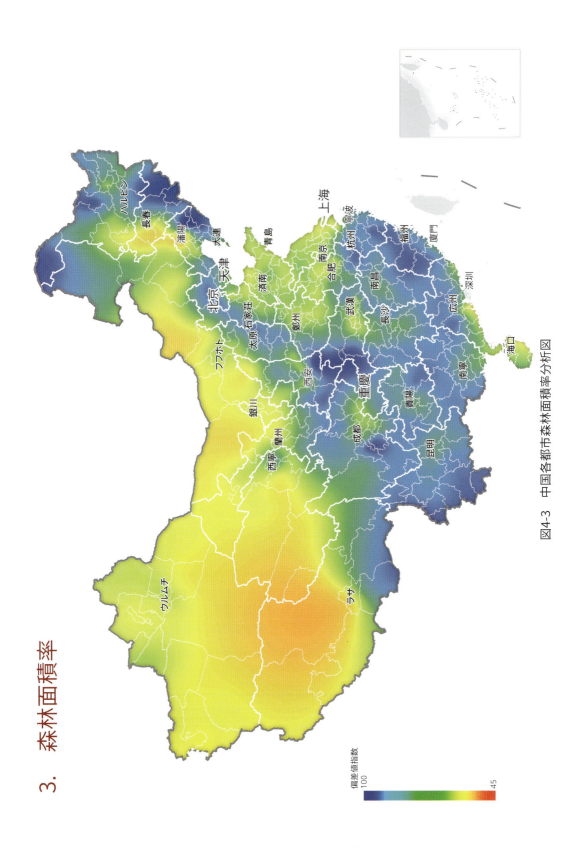

図4-3 中国各都市森林面積率分析図

4. 農地比率

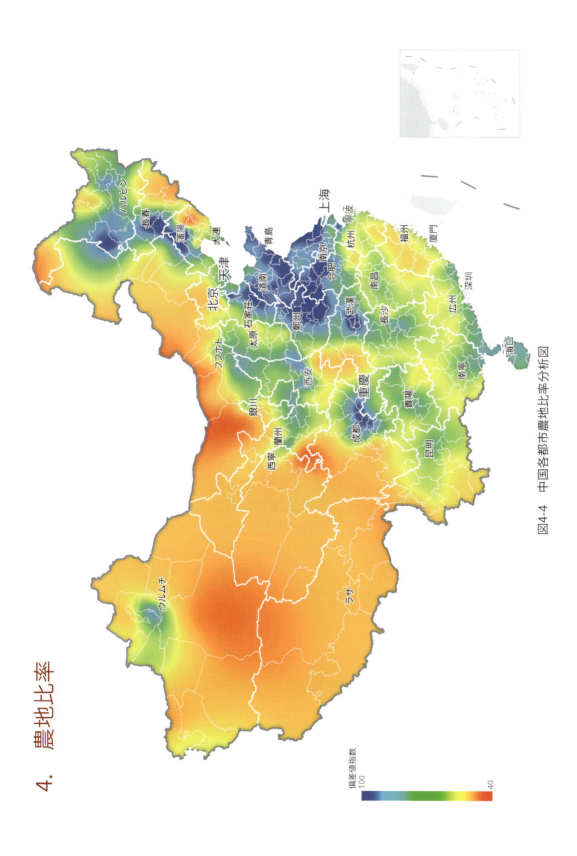

図4-4 中国各都市農地比率分析図

5. 空気質指数 (AQI)

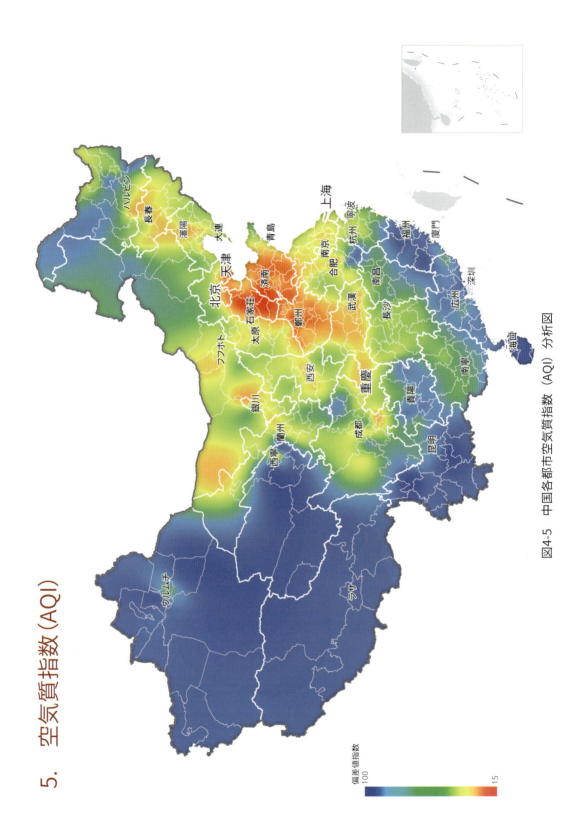

図4-5 中国各都市空気質指数 (AQI) 分析図

6. PM$_{2.5}$指数

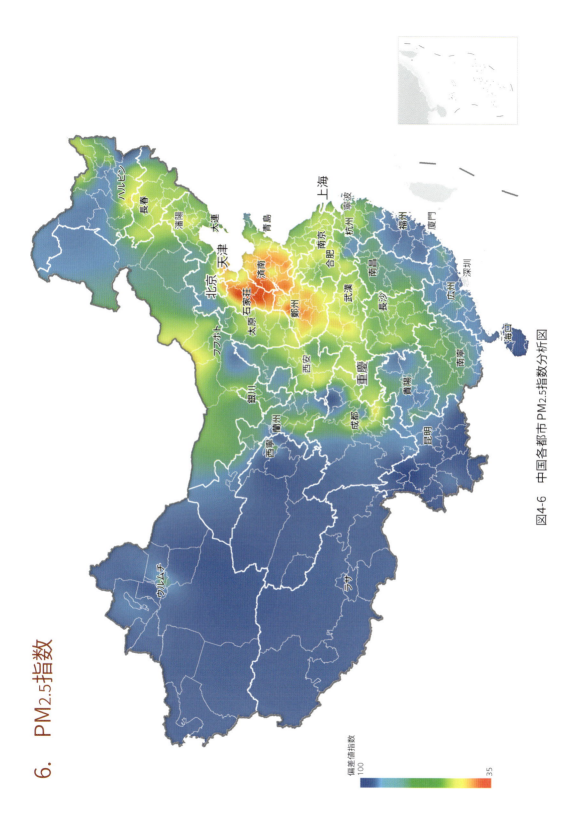

図4-6 中国各都市 PM$_{2.5}$指数分析図

第4章 図で見る中国都市パフォーマンス 113

7. 1人当たり水資源量

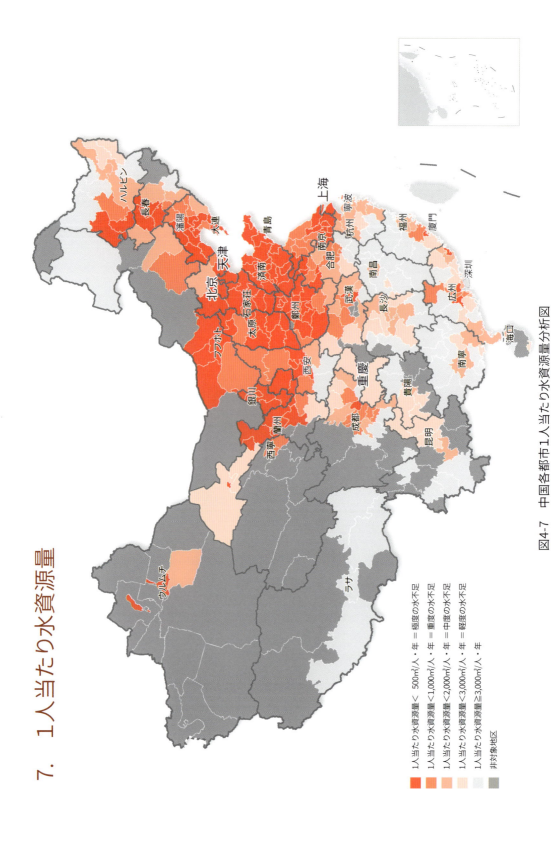

図4-7 中国各都市1人当たり水源量分析図

8. 歴史遺産

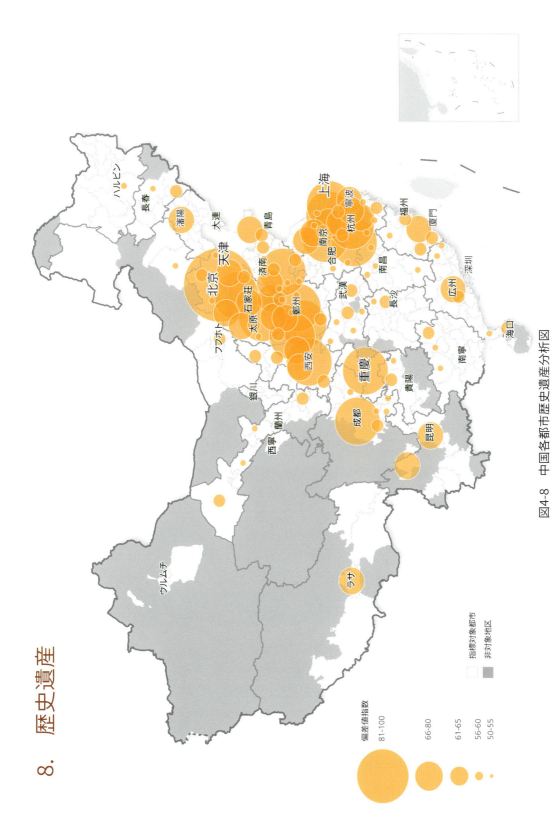

図4-8 中国各都市歴史遺産分析図

9. 国内旅行客数

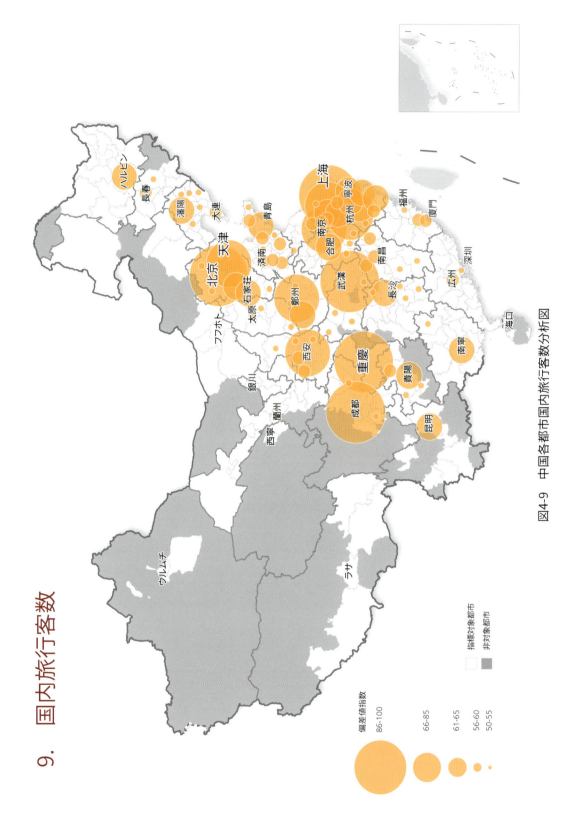

図4-9 中国各都市国内旅行客数分析図

10. 海外旅行客数

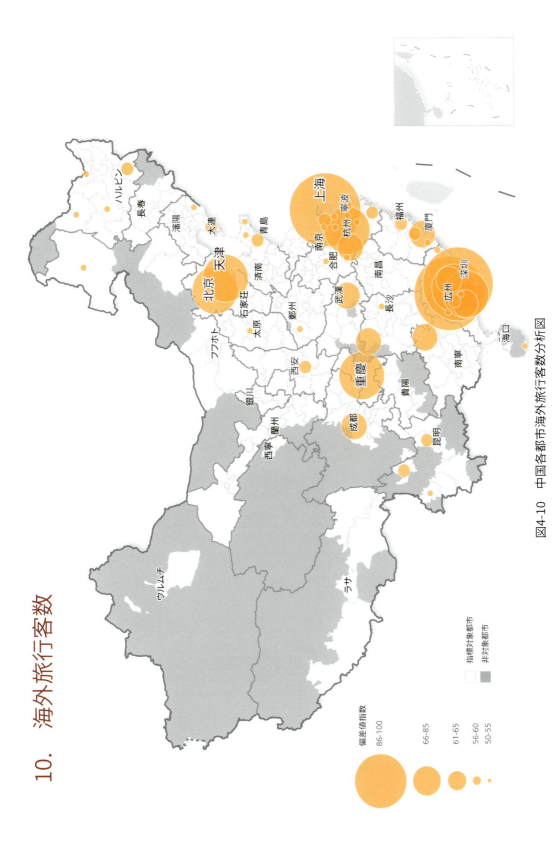

図4-10 中国各都市海外旅行客数分析図

第4章 図で見る中国都市パフォーマンス 117

11. 卸売・小売輻射力

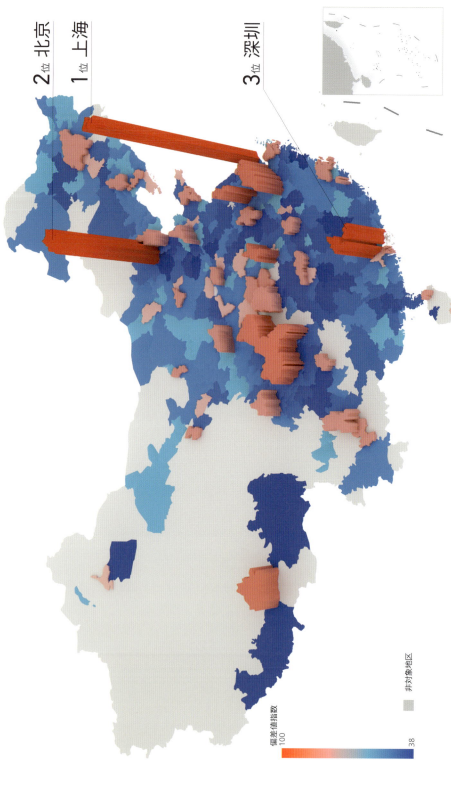

図4-11 中国各都市卸売・小売輻射力分析図

注：本指標で使用する「輻射力」とは、広域影響力の評価指標であり、都市のある業種の周辺へのサービス移出・移入量を、当該業種従業者数と全国の当該業種従業者数の関係、および当該業種に関連する主なデータを用いて複合的に計算した指標である。詳細148頁参照。

12. 医療輻射力

図4-12 中国各都市医療輻射力分析図

13. 文化・スポーツ・娯楽輻射力

1位 北京
2位 上海
3位 広州

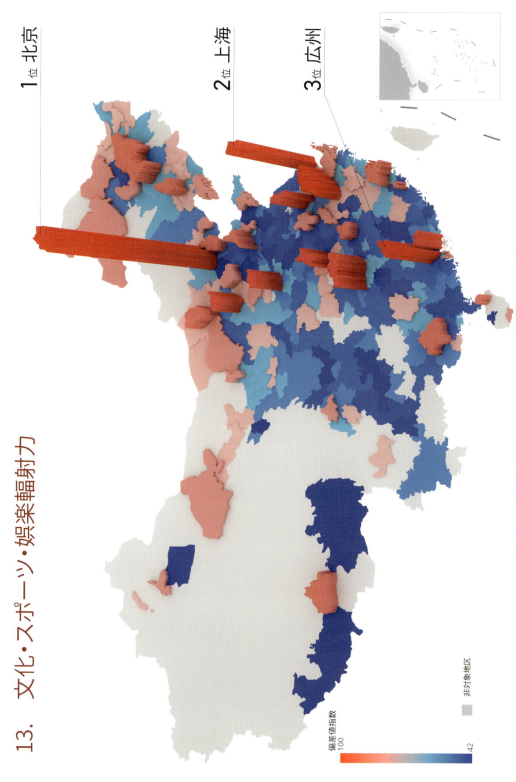

図4-13 中国各都市文化・スポーツ・娯楽輻射力分析図

14. 高等教育輻射力

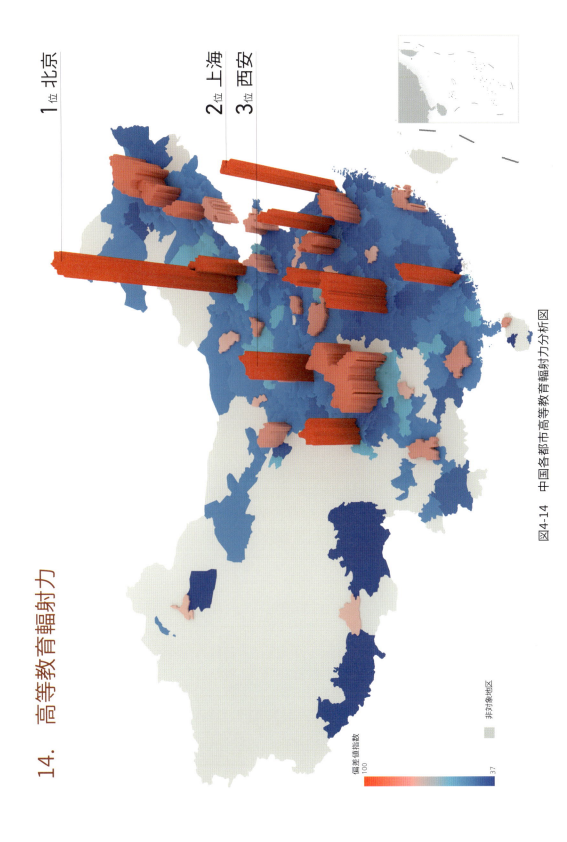

図4-14　中国各都市高等教育輻射力分析図

第4章　図で見る中国都市パフォーマンス　121

15. 科学技術輻射力

1位 北京
2位 上海
3位 深圳

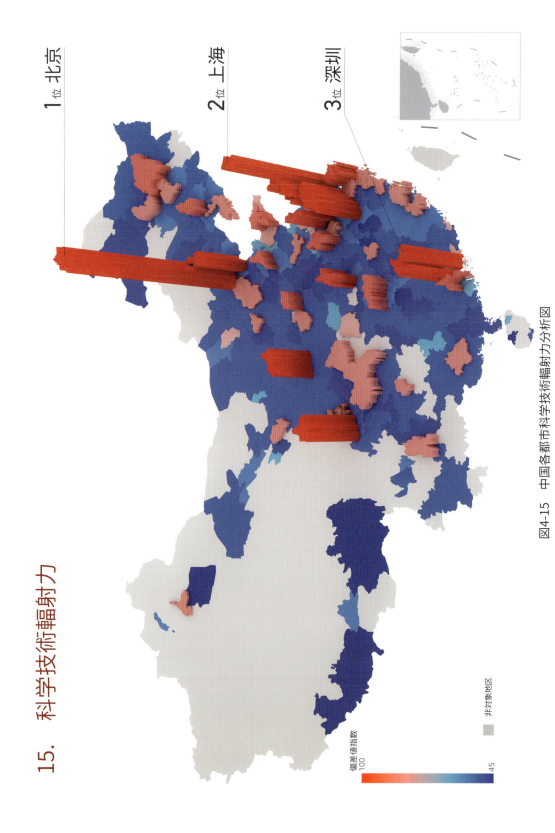

図4-15　中国各都市科学技術輻射力分析図

16. 金融輻射力

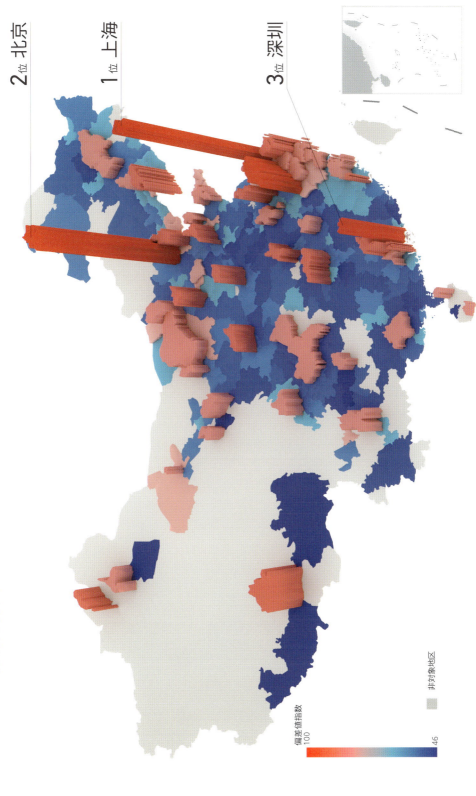

図4-16 中国各都市金融輻射力分析図

第4章 図で見る中国都市パフォーマンス 123

17. 人口流動：流入

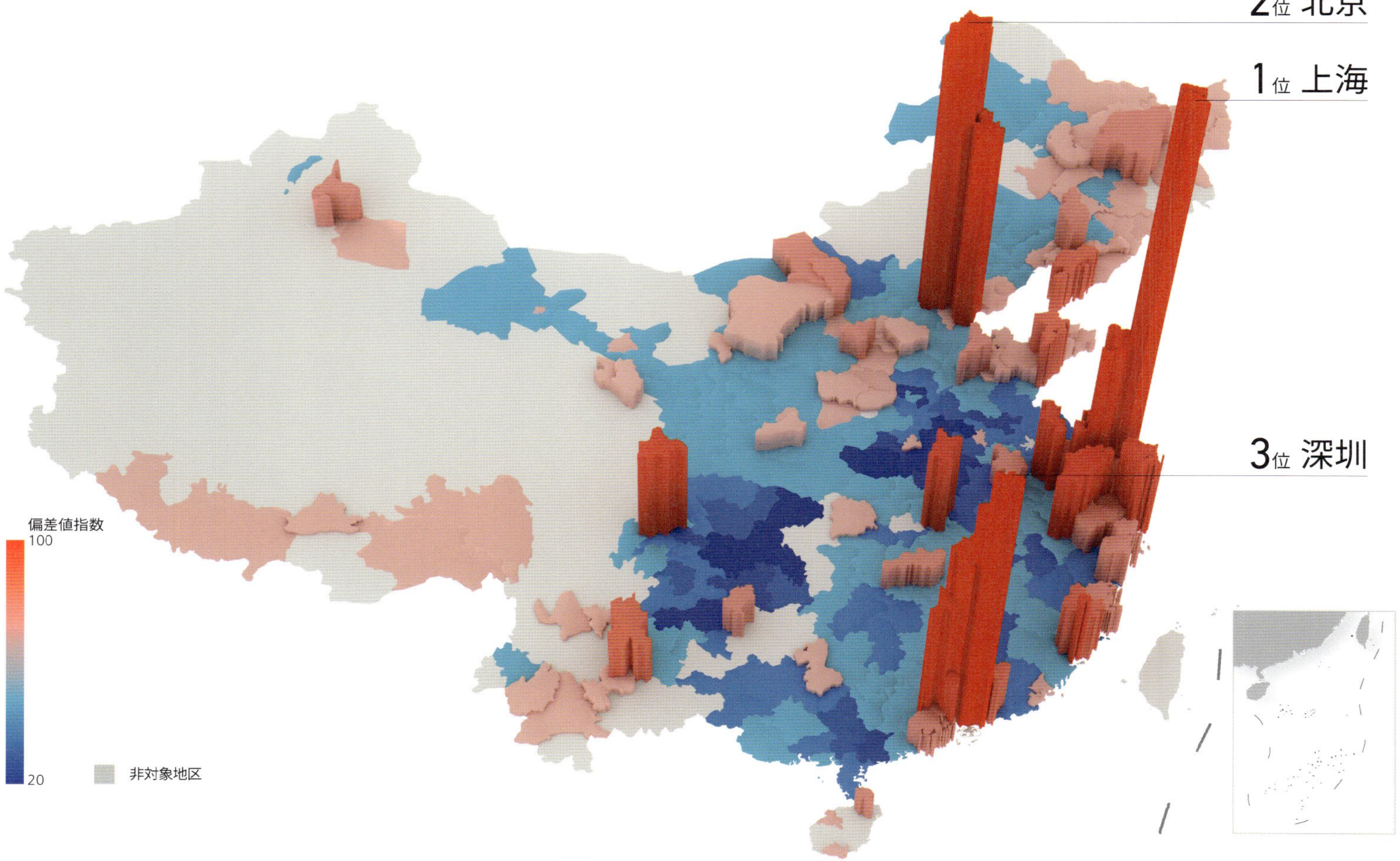

2位 北京
1位 上海
3位 深圳

偏差値指数
100
20

非対象地区

図4-17　中国各都市人口流動分析図：流入

注：常住人口が戸籍人口を上回っている都市は、人口流入都市。

18. 人口流動：流出

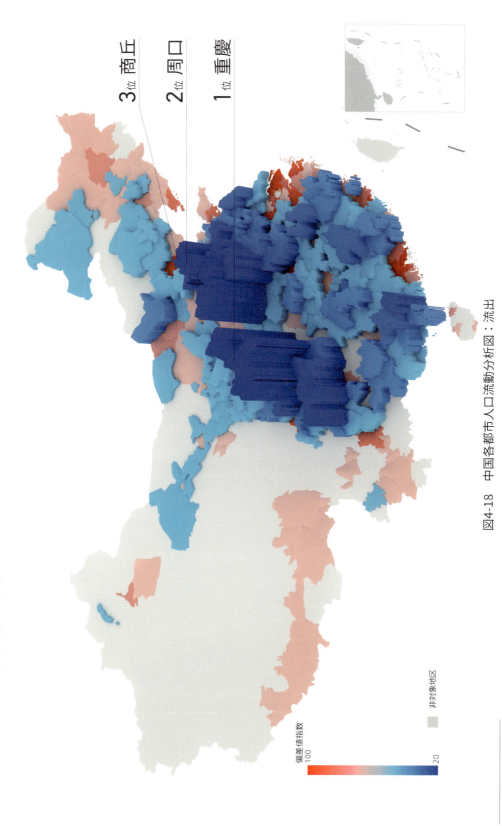

図4-18　中国各都市人口流動分析図：流出

注：戸籍人口が常住人口を上回っている都市は、人口流出都市。

第2部 | メインレポートとレビュー

5

メインレポート
メガロポリス発展戦略
周牧之

1. 現状と課題

メガロポリスの時代

（1）都市の世紀

21世紀は「都市の世紀」である。国連のデータ[1]によれば、1950年に世界の都市人口は7.4億人であり、世界の総人口に占める都市人口率はわずか29.6%だった。1970年にその割合は36.6%まで上昇し、都市人口も13.5億人へと倍増した。2008年に都市化率は50%に達し、都市人口も33.4億人まで増加した。都市で生活する人口が過半数を超え、地球はまさしく都市の惑星になった。

2015年、全世界の都市化率は54%を超え、都市人口は39.6億人に達し、都市化の勢いは一段と増している。2030年には都市化率は60%にまでのぼり、都市人口は約51億人に到達すると推測されている。2050年には先進国地域の都市化率は85.4%の高水準に達し、開発途上国地域の都市化率も63.4%に上昇するという。国によって人口集中の傾向や都市形成のパターンは異なるものの、都市化が21世紀の世界的なメガトレンドとなっている。

今日、アジアやアフリカの発展途上国は空前の都市化を経験している。特に中国を含む東アジア地域では顕著である。東アジア地域の都市化率は1950年にわずか17.9%であり、当時の発展途上国の平均値19.0%よりも低かった。その後、東アジア地域の都市化率は急上昇し、2010年前後には世界の平均水準を超え、2050年までには77.9の高水準に達する見込みである。同地域の都市化率と先進国のそれとの差は1950年の36.7%ポイントから2050年には7.5%ポイントへ縮小する[2]。

中国では、建国初期1950年の都市化率はたった11.2%であった。しかもその後の長期のアンチ都市化政策により、約30年後の改革開放元年1978年時点での都市化率は依然として17.9%の低水準にあった。しかし、その後都市化が加速し、特に1990年代末からの勢いは凄まじく、2011年には中国人口の過半数が都市住民となった。2015年に都市化率は56.1%に達し、中国も真の都市時代へ突入した[3]。

21世紀は都市の世紀であるばかりでなく、メガシティ（人口1,000万人を超える大都市）、あるいはメガロポリス（本文138頁を参照）の世紀とも言えるだろう。1900年の世界の大都市人口ランキング・トップ10は、上位から、イギリス・ロンドン、アメリカ・ニューヨーク、フランス・パリ、ドイツ・ベルリン、アメリカ・シカゴ、オーストリア・ウィーン、日本・東京、ロシア・サンクトペテルブルク、イギリス・マンチェスター、アメリカ・フィラデルフィアであ

---

[1] 国連経済社会局編『世界都市化予測 2014（World Urbanization Prospects: The 2014 Revision）』および『世界都市化予測 2015 改訂版（World Urbanization Prospects: The 2015 Revision）』より。

[2] 図 5-1 を参照。

[3] 図 5-2、図 5-3 を参照。

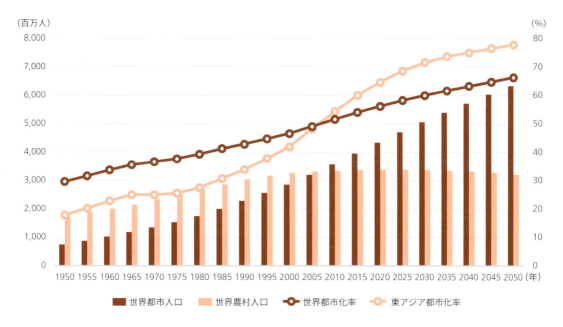

図5-1　世界および東アジアの都市人口、農村人口、都市化率の変化予測

出典：国連経済社会局編『世界都市化予測2014（World Urbanization Prospects: The 2014 Revision）』および『世界人口予測2015改訂版（World Population Prospects: 2015 Revision）』より作成。

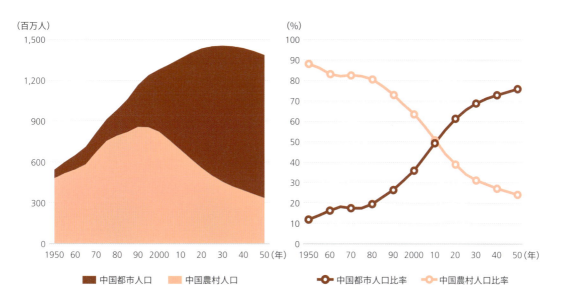

図5-2　中国の都市と農村の人口変化予測　　図5-3　中国の都市と農村の人口比率変化予測

出典：国連経済社会局編『世界都市化予測2014（World Urbanization Prospects: The 2014 Revision）』および『世界人口予測2015改訂版（World Population Prospects: 2015 Revision）』より作成。

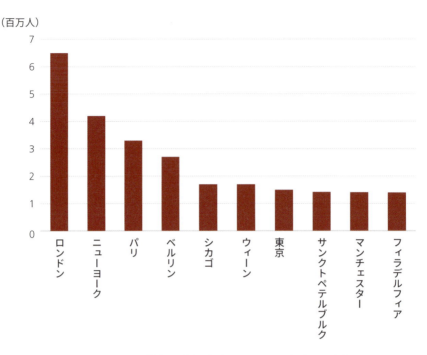

図5-4　世界の大都市人口ランキング（1900年）

出典：国連経済社会局編『世界都市化予測2014（World Urbanization Prospects: The 2014 Revision）』および『世界人口予測2015改訂版（World Population Prospects: 2015 Revision）』より作成。

る。首位ロンドンすら人口は650万人しかなく、第5位シカゴ以下の都市は、200万人口に至っていなかった[4]。

　半世紀後の1950年、アメリカのニューヨーク（ニューアークを含むニューヨーク都市圏）と日本の東京（東京大都市圏）が人口1,000万人を超え、2つのメガシティが誕生した。しかしメガシティの増殖は緩慢だった。20年を経た1970年は、ニューヨーク（ニューヨーク都市圏）、東京（東京大都市圏）に、新たに一つ大阪（近畿都市圏）が加わり、3都市となったに過ぎなかった[5]。

　だが、1980年代以降、急に大都市化の勢いが増した。メガシティは1990年に10都市まで増加し、世界人口の2.9％に当たる1.5億人がこれら超大都市に住むこととなった[6]。2015年、メガシティは29都市に激増し、居住人口は世界人口の6.4％に当たる4.7億人にまで達した。メガシティの地域分布はアジア17都市、南アメリカ3都市、アフリカ3都市、ヨーロッパ3都市、北アメ

4　図5-4を参照。

5　図5-5を参照。

6　図5-6を参照。

リカ3都市である[7]。大都市化の傾向はさらに続き、2050年には世界のメガシティの数は40都市を超えるにまで増加する見込みである。

　大都市化の最も重要な特徴は、都市人口規模の巨大化である。2015年世界のメガシティ人口ランキングでは、第1位の東京（東京大都市圏）は人口が3,800万人に達し、第2位のインド・デリーは2,570万人、第3位の中国・上海は、2,374万人、第4位のブラジル・サンパウロは2,107万人、第5位のインド・ムンバイは2,104万人、第6位のメキシコ・メキシコシティは2,100万人、第7位の中国・北京は2,038万人、第8位の日本・大阪（近畿都市圏）は2,024万人、第9位のエジプト・カイロは1,877万人、第10位のアメリカ・ニューヨーク（ニューヨーク都市圏）は1,859万人である。人口1,000万人級のメガシティの出現からわずか半世紀近く、世界最大の都市（都市圏）の人口規模は、すでに4,000万人突破を目前にし、都市人口の巨大化はますます進んでいる[8]。

　大都市化のもう一つの特徴は、発展途上国のメガシティ化が猛烈に進んでいることである。1900年、世界の10大都市はすべて先進国の都市であった。1950年と1970年のメガシティも、同様に先進国都市が占めている。しかし、2015年には発展途上国の都市が、世界10大メガシティに7都市も含まれている。

　都市人口規模の予測では、2030年に先進国で東京（東京大都市圏）が世界第1位の地位を維持するものの、第2位から第10位の都市は発展途上国が席巻し、上位からインド・デリー、中国・上海、インド・ムンバイ、中国・北京、バングラデシュ・ダッカ、パキスタン・カラチ、エジプト・カイロ、ナイジェリア・ラゴス、メキシコ・メキシコシティとなり、発展途上国の大都市化傾向がさらに進むとみられる。

（2）臨海都市の大発展

　2015年、OECD（Organization for Economic Co-operation and Development: 経済協力開発機構）諸国における都市の中で、1,000万人級のメガシティは東京（東京大都市圏）、大阪（近畿都市圏）、ニューヨーク、ロサンゼルス、パリ、ロンドンの6都市であり、パリを除いたすべてが海に面した「臨港都市」である。また、世界10大メガシティの中で、OECD諸国では東京（東京大都市圏）、大阪（近畿都市圏）、ニューヨーク（ニューヨーク都市圏）の3都市が、いずれも臨港都市である。

　本レポートでは全世界の1,000万人級以上の29メガシティを3つに分類する。
① 港湾の優位性を活かして発展してきた「臨海型」都市、② 内陸部に位置し国の政治や文化の中心として発展してきた「陸都型」都市、③ 内陸部農業人口密集地域の中心都市として発展し

7　図5-7を参照。

8　図5-8を参照。

第5章　メインレポート｜メガロポリス発展戦略　　133

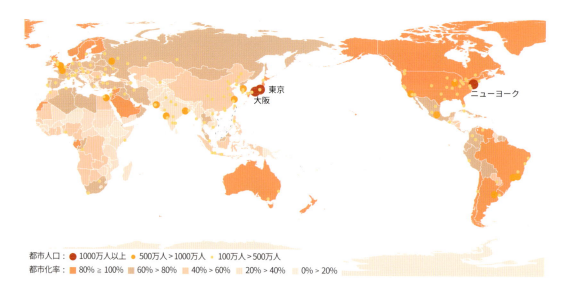

図5-5　世界の大都市分布と各地域の都市化率（1970年）

出典：国連経済社会局編『世界都市化予測2014（World Urbanization Prospects: The 2014 Revision）』および『世界人口予測2015改訂版（World Population Prospects: 2015 Revision）』より作成。

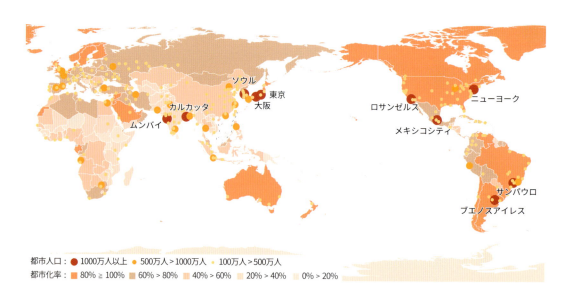

図5-6　世界の大都市分布と各地域の都市化率（1990年）

出典：国連経済社会局編『世界都市化予測2014（World Urbanization Prospects: The 2014 Revision）』および『世界人口予測2015改訂版（World Population Prospects: 2015 Revision）』より作成。

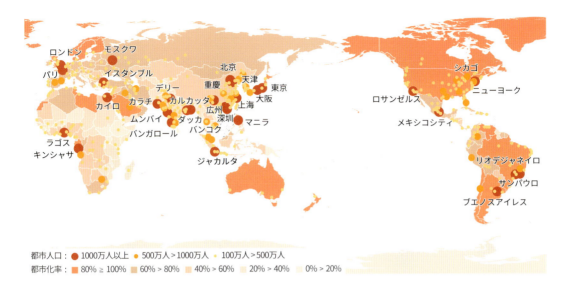

図5-7　世界の大都市分布と各地域の都市化率（2015年）

出典：国連経済社会局編『世界都市化予測2014（World Urbanization Prospects: The 2014 Revision）』および『世界人口予測2015改訂版（World Population Prospects: 2015 Revision）』より作成。

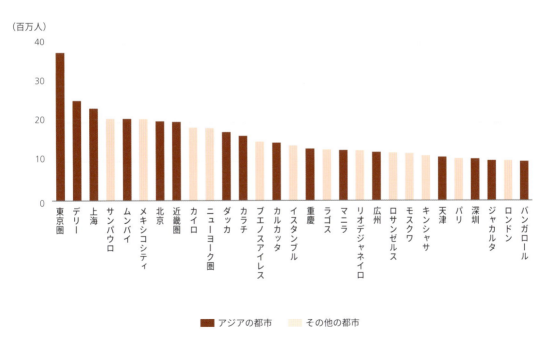

図5-8　世界のメガシティ人口ランキング（2015年）

出典：国連経済社会局編『世界都市化予測2014（World Urbanization Prospects: The 2014 Revision）』および『世界人口予測2015改訂版（World Population Prospects: 2015 Revision）』より作成。

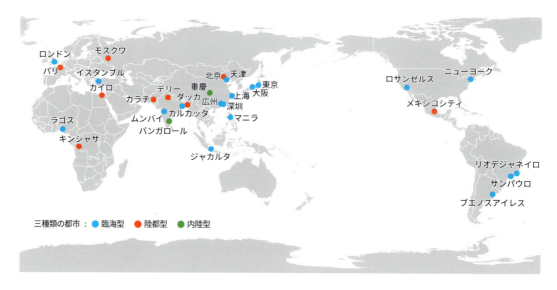

図5-9　世界のメガシティ分類別分布

てきた「内陸型」都市の3分類である。その類型によれば臨海型都市は18都市となり、世界のメガシティの約7割を占め、臨海型都市の優位性が明確となる。陸都型都市は9都市、最も少ない内陸型都市はわずか2都市で両都市とも発展途上国の都市である[9]。

　大航海は臨海型都市の発展を始動した。とりわけ産業革命後、海運をベースにした原材料や工業製品の世界での調達や販売が、大陸経済の主導的な地位を覆した。これが産業と人口を、臨海都市へと集積させる要因となった。その後、海運の大型化と高速化、そしてグローバリゼーションの進展により、人材、産業、資金、情報の港湾都市への集積が加速し、たくさんの臨海型大都市が興った。

　古来より多くの都市の発展は、港と密接な関係があった。陸上交通に比べ、水路輸送のコストは低く輸送量は大きいため、水運が発達した地域は交易都市になりやすい。大航海以降、海運技術の発展により大口物流の主体は水運から海運へと変わった。さらにグローバリゼーションの展開により港湾経済の優位性が高まり、貿易港と工業港をベースとした都市が急速に発展した。ニューヨーク、東京、大阪はこれら都市の典型である。

　北京、パリ、モスクワに代表される陸都型メガシティは、内陸部に位置しているものの、おおむね大運河や河川水運の条件を背後に持つ。北京を例に挙げれば、杭州から北京までつながる京杭大運河の水運は、歴史上、北京の発展に極めて重要な役割を果たした。これら内陸首都はかつて大陸経済が盛んだった帝国時代に繁栄した都市であったが、世界経済のエンジンが大陸経済から海洋経済にシフトすると、内陸部に位置する陸都型都市の活力は、一定の打撃と制

9　図5-9を参照。

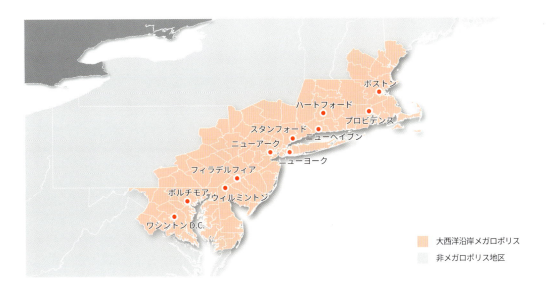

図5-10　大西洋沿岸メガロポリス

約を受けた。今日の陸都型メガシティの発展の基礎は、主に政治や文化の中心としての行政機能や、企業の中枢機能、そしてその地政学上の位置にある。また、陸都型メガシティは直接海に面してはいないが、周辺の良好な港に支えられるケースが多い。たとえば、北京の周辺には天津、唐山などの大型港湾がある。

　内陸型メガシティは中国・重慶とインド・バンガロールの2都市である。ともに発展途上国に属し、気候条件に優れた大農業地帯に位置し、高密度の農業人口地域を抱える中心都市である。

　政治・文化の中心として、また地政学上の重要性をてこにして発展した陸都型メガシティと、膨大で高密度の農業人口を背景に発展した内陸型メガシティに比べ、臨海型メガシティは海洋経済の産物である。海洋の大物流、大交易、大交流によって、港湾都市はめざましく発展した。もちろん、今日の臨海型メガシティの「港」はもはや狭義の海運港ではない。港湾経済によって興ったこれらの海浜都市は、その経済主体も進化し、海運港自体の比重は低下し続けている。たとえば、イギリスのロンドン、アメリカのニューヨークやサンフランシスコ等、先進国の臨海型メガシティでは、港湾機能ですら、すでに大半を失っている。しかし、これらの都市は港湾都市の開放性と包容力とで、情報、科学技術、文化、芸術の「交流港」を作り上げ、グローバル時代での交流経済による都市発展のニューモデルを生み出した。

　経済と都市機能の複雑化、多様化、大規模化に従って、港湾都市と後背地の都市機能や都市空間が徐々に一体化し大都市圏が形成される。さらに複数の大都市圏と周辺の中小都市が、広域的な都市連担を形成する。これがメガロポリスの誕生である。世界の代表的なメガロポリスにはニューヨーク、ワシントンD.C.、ボストンを中心とするアメリカ北東部の「大西洋沿岸メ

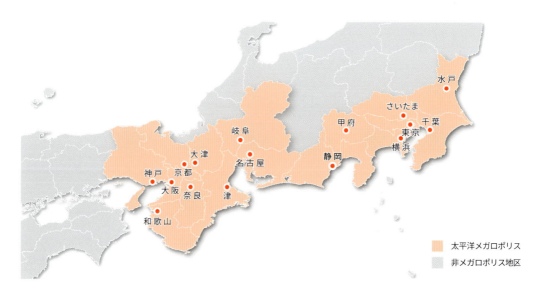

図5-11　太平洋メガロポリス

ガロポリス」や、東京、大阪、名古屋を中心とした日本の「太平洋メガロポリス」がある。中国では上海、江蘇省、浙江省を中心とする「長江デルタメガロポリス」や、香港、広州、深圳を中心とする「珠江デルタメガロポリス」、そして北京、天津、河北省を中心とする「京津冀メガロポリス」が徐々に形成され、中国経済の発展をリードする三大エンジンとなっている。

（3）メガロポリスの形成

　メガロポリスはメガシティを中心に、複数都市を高速交通ネットワークで一体化した都市連担である。メガロポリスは巨大な人口規模と多くの特色ある産業集積を持ち、国際交易や交流の重要なプラットフォームとなり、政治、経済、文化、情報、科学技術、金融などの機能において、国そして世界をリードしている。

① アメリカ北東部の大西洋沿岸メガロポリス

　アメリカ北東部の大西洋沿岸メガロポリス（ボスウォッシュ〈BosWash〉）はボストン、ニューヨーク、フィラデルフィア、ボルチモア、そしてワシントンD.C.の５大都市と、人口10万人以上の約40の中小都市から成る約970kmに及ぶ帯状の都市連担である[10]。このメガロポリスは、高速道路網と鉄道網で形成された人口4,400万人を抱える巨大な都市有機体である。人口規模は全米の16％を占めている。

10　図5-10を参照。

ボスウォッシュ内の大都市の大半が、海に面した臨港都市である。特にボストン、ニューヨーク、ボルチモアは港湾条件に恵まれ、ヨーロッパ系移民が北米で最も早く上陸した場所である。

　ボスウォッシュは、全米国土面積のわずか2％を占めるにすぎない地で、米国労働人口の約6分の1を有している。膨大で高密度な人口が、商工業と文化・娯楽産業の発展を促し、同地区の都市機能を豊富にし、向上させた。

　ボスウォッシュはアメリカの政治の中心であるだけでなく、その製造業総生産額、GDPは各々全米の30％、20％に達し、米国最大の生産基地、交易・文化の中心地、また、世界の金融センターとなっている。

　ボストンはアメリカ史上最も古い悠久の都として、大学や研究機関が発展し、軽工業都市から世界レベルの知識経済センターへと脱皮した都市である。ニューヨークは世界の金融・情報センターであり、世界的な人材、資金、情報が交差する最大の交流経済体であると同時に、観光経済が発達した文化娯楽の都でもある。フィラデルフィアとボルチモアは港湾と工業によって発展し、豊富な産業資本によって、現在では高等教育、研究開発、文化娯楽、医療健康などの分野において高水準の集積がある。1790年に新しく建設されたワシントンD.C.は、1800年にアメリカ政治の中心となり、都市全体がまるで巨大な公園のように整備された様子は、首都計画の模範となっている。

　総じて、この地域はアメリカ発祥の地だけではなく、アメリカの政治、経済、文化の中枢であると同時に、アメリカと世界との交流の中心でもある。

　メガロポリス（Megalopolis）の概念を最初に提唱したフランス人地理学者ジャン・ゴットマン（Jean Gottmann）は、同メガロポリスが形成された要因として、自然・交通の優れた条件に惹かれて大量の移民が引き寄せられ、大規模な工業集積、消費市場、商業金融機能が出来上がった、としている[11]。

② 太平洋メガロポリス

　日本の太平洋メガロポリス（東海道メガロポリス）は、東京大都市圏、名古屋都市圏、近畿都市圏によって構成される帯状の都市連担である。この約500㎞に及ぶベルト地帯には、人口100万人以上の8都市（東京、横浜、川崎、さいたま、名古屋、大阪、神戸、京都）と、数多くの中小都市が密集している[12]。日本の国土面積の21.4％を持つ同メガロポリスは、人口規模が7,558万人に達し、全国人口の60％を占め、GDPの66％と製造業付加価値の62.4％を稼ぎ出している。行政機関、文化施設や金融機関が集中し、名実ともに日本の政治、経済、文化の中枢

11　Gottmann,J., 1961, Megalopolis:The Urbanized Northeastern Seaboard of the United States, New York:K.I.P.

12　図 5-11 を参照。

となっている。

　港湾条件に優れた東京湾、大阪湾、伊勢湾は、メガロポリスの発展における礎であった。第二次世界大戦後、日本は平和な国際環境を活かし、国際資源と国際マーケットを前提とした京浜−京葉[13]、阪神、中京の三大臨海工業地帯を造った。

　安価で良質な世界の資源と、自由貿易で活況を呈する国際マーケットを利用し、海運の優位性を極限まで発揮した三大臨海工業地帯は、一躍世界で最も巨大かつ最新鋭の工業製品輸出エンジンとなり、戦後の日本経済回復と高度経済成長を牽引した。結果、日本は世界第２位の経済大国へと上り詰めた。また、工業の発展は急速な都市化をもたらし、三大湾とその後背地の都市人口は急激に膨張し、東京大都市圏、名古屋都市圏、近畿都市圏、その他多くの中小都市が形成された。

　東京、大阪、伊勢の三大湾の港湾群は、三大臨海工業地帯の発展を支えただけではなかった。これらの港湾群を通じて大量のエネルギー、食品、物資を世界中から効率よく輸入でき、三大都市圏が有する膨大な人口の生活需要を満たした。まさに、臨港型大規模都市人口集積の優位性によって、日本は全世界から資源を最適に享受でき、都市経済を効率よく発展できた。今日、日本が94％の一次エネルギーと61％の食品（カロリーベース）を輸入に依存していることは、まさにこれを物語っている。

　ベイエリアの大発展に埋め立ては大きな役割を果たした。たとえば東京湾の場合は、1868年以来252.9㎢にも及ぶ膨大な面積の埋め立てが行われた。しかもその大半は第二次世界大戦後に実施された。大規模な埋め立てによって、東京、大阪、伊勢の三大湾では三大臨海工業地帯を形作っただけでなく、三大都市圏の港湾・空港など大規模な交通ハブを建設した。同時に、それら埋立地は中心業務地区（CBD）、国際会議センター、海浜公園、大型商業施設、親水型住宅など、大規模な都市建設を可能とする開発空間となった。これによって、三大都市圏は工業経済から知識経済、サービス経済に転換する過程で、空間上の多核化の展開が保障された。2020年の東京オリンピックにおける多くの関連施設も、東京湾埋め立て地に建造される予定である。

　三大都市圏を貫く東海道新幹線が1964年に、東名高速道路が1969年に相次いで開業し、三大都市圏が一つのメガロポリスにネットワークされた。

　現在建設中のリニア中央新幹線は近い将来、東京、名古屋、近畿三大都市圏を貫く時速500㎞の超高速動脈となり、同メガロポリスをグローバルな人材、資金、情報にとって、さらに魅力的な空間へと押し上げる。

13　厳密に言えば、京浜と京葉は東京湾の両翼に位置する二つの臨海工業地帯である。便宜上、本レポートでは、東京湾に属する臨海工業地帯を京浜 - 京葉臨海工業地帯とする。

中国経済をリードするメガロポリス

中国経済の急激な発展は、世界経済のパラダイムシフトと中国の改革開放の巨大な活力が結合した産物であった。情報革命の進展によって、企業間取引と情報往来が電子化された。これにより国際交易コストを大幅に下げ、地域内に閉じこもっていたサプライチェーンが、急速に世界に拡張していった。航空・海運などの高速輸送システムの成熟、そして世界規模の工業製品への関税低減は、サプライチェーンの世界的拡張を促した。

こうした状況の中、激化する価格・時間競争を勝ち抜くために、先進国の企業は開発、生産から販売にまで至る過程をすべて内包する伝統的なビジネスモデルを放棄した。経営リソースを最も競争力があるコアビジネスに集中させ、地球規模での展開を最適化するサプライチェーンを構築し、より高い利益を求めるようになった。

幸運なことに、グローバルサプライチェーンのビジネスモデルが普及する時期は、中国改革開放の時期と重なった。中国の沿海部、特に珠江デルタ、長江デルタ、京津冀の三地域では改革開放政策が推し進められた。港、空港、高速道路や鉄道などのインフラ建設が盛んに行われ、巨大な工業用地が開発された。安価で良質な労働力が大量に提供され、グローバルサプライチェーンの新天地が作られていった。

巨大で開放された空間が、数多くの外国企業からの投資や工場設置を惹きつけ、国内企業にも発展のチャンスをもたらし、夢追い求める人々に新たな舞台を提供した。計画経済時代に抑えられていた人々の巨大なエネルギーは、大規模な人口移動という形で爆発し、これらの地域に集結した。

外資の流入と国内企業の成長は、これらの地域に巨大なスケールの産業集積と複数の都市にまたがる巨大都市連担－メガロポリスを形成した。

三大メガロポリスは今日、中国の経済発展の巨大エンジンへと成長を遂げた。中国はまさにグローバルサプライチェーンに開放的な空間を提供し、新たな「世界の工場」となったと言えよう。

現在、珠江デルタメガロポリス（9都市）[14]、長江デルタメガロポリス（26都市）[15]、京津冀メガロポリス（10都市）[16]の三大メガロポリスは、中国全土のGDPの36％を占めた。経済規模で比

14　珠江デルタメガロポリスには本来、香港とマカオが含まれるはずだが、本レポートでは中国国家発展改革委員会の同メガロポリスに関する定義に従い、両都市は入れず、中国本土の広州、深圳、珠海、仏山、江門、肇慶、惠州、東莞、中山の9都市のみを珠江デルタメガロポリスとして分析を行う。

15　中国国家発展改革委員会の長江デルタメガロポリスに関する定義では、同メガロポリスは上海、南京、蘇州、無錫、常州、南通、塩城、揚州、鎮江、泰州、杭州、寧波、嘉興、湖州、紹興、金華、舟山、台州、合肥、蕪湖、馬鞍山、銅陵、安慶、滁州、池州、宣城の26都市で構成される。本レポートはこの定義に従って同メガロポリスの分析を行う。

16　中国国家発展改革委員会の京津冀メガロポリスに関する定義では、同メガロポリスは北京、天津、石家荘、唐山、秦皇島、保定、張家口、承徳、滄州、廊坊の10都市で構成される。本レポートではこの定義に従って同メガロポリスの分析を行う。

較すると、三大メガロポリスが中国全土に占める貨物輸出額と外資実質利用額の割合は各々44.4％と73.2％に達した。

（1）地政学的優位性

内陸地域と比べ、三大メガロポリスはグローバル展開に恵まれた地政学的優位性を持つ。グローバルサプライチェーンは、生産の低コスト化を図るだけではなく、物流、在庫、時間の低コスト化も追求する。グローバルサプライチェーンの高度な専門性とハイスピードな対応を支えるには、港湾と空港の利便性は極めて重要である。

三大メガロポリスは極めて短期間で大規模な港湾、空港、高速道路そして高速鉄道を建設し、グローバルサプライチェーンが効率よく経営するための良好な環境を整えた。

① 港の建設

中国工業化とコンテナ港発展とのタイアップは、驚嘆に値する。今日の世界におけるコンテナ港トップ10のうち、堂々7港を中国が占めている。そのうち、第7位の青島を除き、第1位の上海、第3位の深圳、第6位の寧波－舟山、第8位の広州、第10位の天津は、すべて三大メガロポリスに属している。

〈中国都市総合発展指標2016〉の分析では、中国295の地級市以上の都市における「コンテナ港利便性」の上位30都市中、三大メガロポリスは22都市を占め、そのうち上海第1位、深圳第2位、寧波－舟山第4位、広州第6位である。三大メガロポリスが中国コンテナ輸送条件で最も優れた地域である[17]。中国全土のコンテナ貨物取扱量で見ると、珠江デルタメガロポリスは中国全土の26.3％、長江デルタメガロポリスは同34.4％、京津冀メガロポリスは同7.8％を占め、三大メガロポリスの合計は中国全土の68.5％に達している。このようなコンテナ貨物取扱量および貨物輸出額の高度な集中は、優れた港湾条件こそが、グローバルサプライチェーンのこれら地域での大規模展開の支えであることを示している。

② 空港の建設

三大メガロポリスにおける空港建設の成果が、衆目を集めている。珠江デルタメガロポリスは現在、香港国際空港、マカオ国際空港、広州白雲国際空港、深圳宝安国際空港、珠海金湾国際空港、恵州平潭空港、仏山沙堤空港の7つの空港態勢を持つ。そのうち、広州白雲国際空港は、旅客乗降数や貨物取扱量が共に中国全国第3位であり[18]、また、フライト数においてもアジア第5位の国際的なハブ空港である。同様に、国際ハブ空港として香港国際空港のフライト数

17　図5-12を参照。

18　ここでは、香港とマカオの両国際空港は含めていない。

もアジア第7位となっている。

　長江デルタメガロポリスは、上海浦東国際空港、上海虹橋国際空港、杭州蕭山国際空港、南京禄口国際空港、寧波櫟社国際空港、合肥新橋国際空港、無錫蘇南碩放国際空港、常州奔牛国際空港、揚州泰州国際空港、金華義烏空港、南通興東空港、塩城南洋空港、舟山普陀山空港、台州路橋空港、池州九華山空港、安慶天柱山空港の16空港態勢を持つ。そのうち、上海浦東国際空港は旅客乗降数と貨物取扱量が、中国全土でそれぞれ第2位と第1位の空港で、フライト数でもアジア第4位の国際ハブ空港である。

　京津冀メガロポリスは、北京首都国際空港、北京南苑空港、天津浜海国際空港、石家荘正定国際空港、唐山三女河空港、張家口寧遠空港、秦皇島北戴河空港の7空港態勢を持つ。そのうち、北京首都国際空港は旅客乗降数と貨物取扱量がそれぞれ中国第1位と第2位の空港であり、さらにフライト数はアジアで第1位の国際ハブ空港である。

　〈中国都市総合発展指標2016〉の分析によると、三大メガロポリスは中国の航空輸送において最も便利な地域であると言えよう。中国地級市以上の295都市の「空港利便性」上位30都市中、三大メガロポリスに属する都市が12都市を占め、上位4都市は上海、北京、深圳、広州で三大メガロポリスに属する都市が総嘗めにした[19]。

　三大メガロポリスが航空輸送旅客取扱量の中国全土に占める割合は43.5%であり、そのうち、珠江デルタメガロポリスが11.2%、長江デルタメガロポリスが19.3%、京津冀メガロポリスが13%を各々占めている。三大メガロポリスが貨物取扱量の中国全土に占める割合は67.8%に達し、そのうち、珠江デルタメガロポリスが18.4%、長江デルタメガロポリスが33.8%、京津冀メガロポリスは15.6%を占めている。優れた航空輸送条件が、三大メガロポリスにおけるグローバルサプライチェーンのスピーディな展開を支え、それが交流交易経済発展の重要なプロモーターとなっている。

③ 高速道路、高速鉄道

　1988年に中国で高速道路[20]が開通して以来、2014年末までに総計11.2万kmの高速道路が建設された。珠江デルタは6,266km、長江デルタは12,949km、京津冀は7,983kmの高速道路網を持つ。三大メガロポリスにおける高速道路の総延長距離は全国の24.3%に達し、中国全土で高速道路密度が最も高い地域である[21]。

　中国はすでに11.2万kmの鉄道網を建設した。珠江デルタは4,027km、長江デルタは9,039km、京

19　図5-13を参照。
20　1988年10月31日、中国で初の高速道路、上海－嘉定間が開通した。1989年7月、中国交通部（省）は初めて高速道路の建設について政策を交布した。
21　データの制限によって、高速道路分析で使用する三大メガロポリスのデータは、直轄市と省の単位で計算。

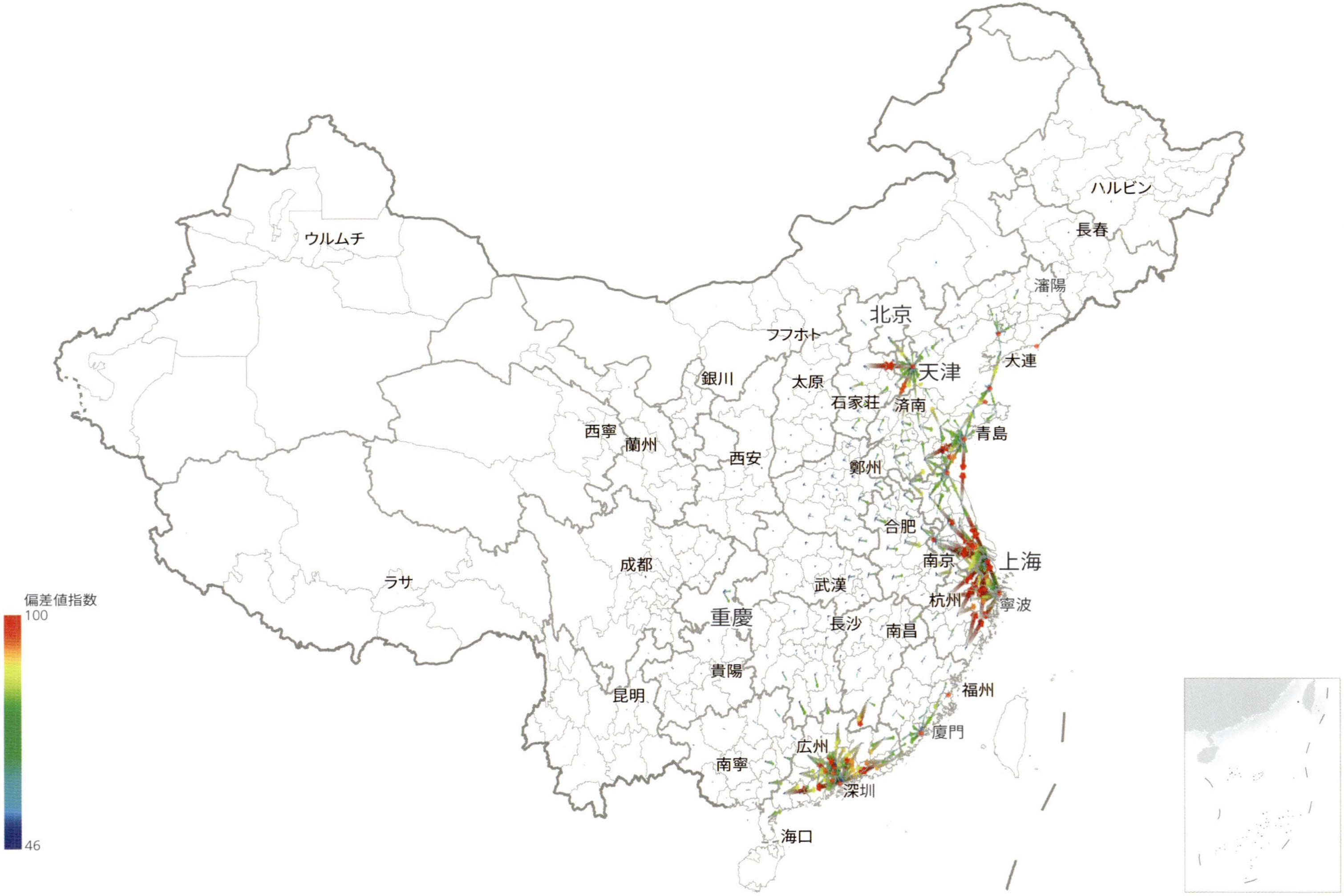

図5-12　中国各都市コンテナ港利便性分析図

注：本指標で使用する「コンテナ港利便性」とは、都市とコンテナ港の距離、コンテナ港の取扱量や航路など関連している数値を総合的に計算し、コンテナ港の利便性指数として定義している。

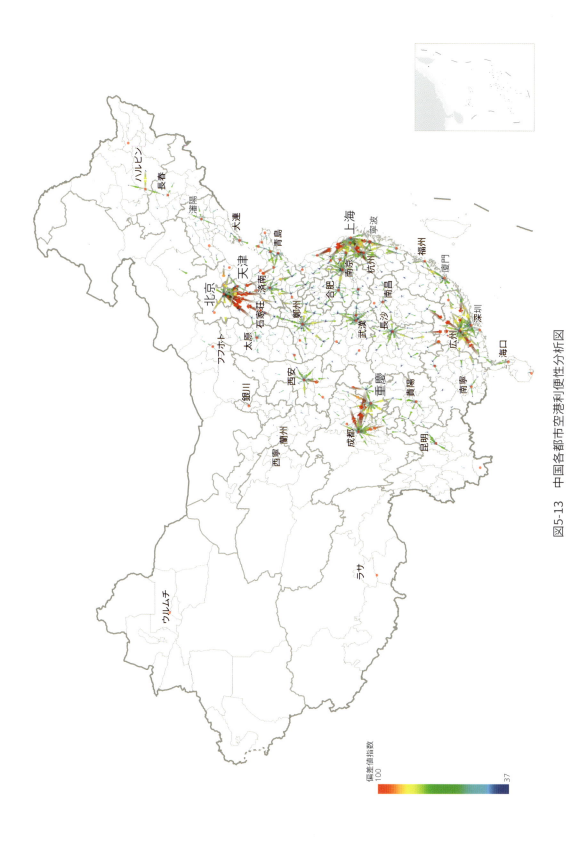

図5-13 中国各都市空港利便性分析図

注：本指標で使用する「空港利便性」とは、都市と空港の距離、空港の旅客輸送量や航路など関連している数値を総合的に計算し、空港の利便性指数として定義している。

第5章 メインレポート｜メガロポリス発展戦略　145

津冀は8,509kmの鉄道網がある。三大メガロポリスにおける鉄道の総延長距離は全国の19.3%に達し、中国全土で鉄道密度が最も高い地域である[22]。

〈中国都市総合発展指標2016〉の分析によると、全国の地級市以上295都市における「高速鉄道便数」の上位30都市中、三大メガロポリスに属する都市は19都市を占め、そのうち上位6都市は広州、上海、北京、深圳、天津、南京で、そのすべてが三大メガロポリスの都市である。三大メガロポリスは中国の高速鉄道においても最も利便性が高い地域である。

高速道路と鉄道交通網が充実していることで、三大メガロポリスと全国各地との時間距離と経済距離は大きく圧縮され、同時に、三大メガロポリス内部もハイスピードのネットワークで緊密に連携している。

（2）世界資源の大規模利用

産業革命は、イギリスが西インド諸島で栽培した綿花をマンチェスターまで輸送し、加工することからはじまった。これは近代工業の発展が最初から世界資源の利用を前提としていたことを意味する。グローバルな視点で見ると、工業の発展には、大規模で効率よく世界資源を利用する場所が必要である。そのため産業革命以降、工業の活力がある地域は、沿海部あるいは河川沿いで港湾条件の良い都市に集中している。逆に言えば、港湾について好条件のない地域における大規模な近代工業の展開は、なかなか難しい。

新中国建国後最初の30年間は、常に米ソ両超大国と交戦の可能性すらある緊迫した国際情勢に置かれていた。当然、当時の重化学工業化は世界資源を利用する条件下にはなかった。このため中国政府は、国内資源をベースにした内陸部での産業立地政策を進めた。これに拍車をかけたのが、大規模な戦争に備えるためとして毛沢東が提唱していた「三線」建設であった。結果、中国重化学工業の大半は当時、内陸部の資源産地および「三線」に配置された。

産業配置政策が変わったきっかけは、鉄鉱石の海外輸入を前提とした上海宝山製鉄所の建設であった。改革開放で海外への門戸が開いた後も、宝山製鉄所を建設すべきか否かについて依然激しい論争があった。論争の焦点は、なぜ輸入鉄鉱石を前提とする製鉄所が必要なのか？なぜ巨額のコストをかけて地盤の軟らかい長江入り江に製鉄所を建設するのか？であった。経済発展における輸入資源の重要性への理解不足により、宝山製鉄所の建設は一時中断されたこともあった。

今日、宝山製鉄所は中国最大の鉄鋼メーカーに成長し、世界資源を利用する臨海型発展モデルの優位性を証明した。石油、鉱石などの資源需要が急増し、中国は今や資源輸入大国となった。

鉄鉱石を例にすると、中国の鉄鉱石輸入は1981年にはじまり、2001年に1億トンの大台を突

22　データの制限によって、鉄道分析で使用する三大メガロポリスのデータについては、直轄市と省の単位で計算。

破した。2003年には日本を抜いて中国は世界最大の鉄鉱石輸入国になった。鉄鉱石輸入量は2015年、9億5,272万トンに達し、鉄鉱石消費量に占める輸入の割合は40.8%に達した[23]。

運送コストや環境コストへの認識が増すに連れ、輸入鉄鉱石を高効率に利用できる臨海型鉄鋼生産基地の優位性が次第に明らかになった。内陸部に人量に分散していた効率の悪い鉄鋼産業は臨海部に移転し、とりわけ需要が旺盛な三大メガロポリスとその周辺地域に集まるようになった。

高速経済成長と自動車社会の到来で、中国の原油消費量は急伸した。1993年に中国は原油純輸出国から純輸入国に転換し、その後も原油輸入量は続けて上昇した。2009年には輸入量が国内生産量を超え、2015年の原油輸入量は3億2,800万トンに達し、原油消費量における輸入の割合が60.4%に高まった[24]。

大型水深港は海外の良質な石油や天然ガスの、大規模で高効率な利用を可能にし、三大メガロポリスにおけるエネルギー効率を高めた。輸入エネルギーの増大は三大メガロポリスの経済効率を押し上げ、内陸部との経済効率の格差を広げた。この傾向は産業と人口の三大メガロポリスへの集中を加速し、中国の国土利用構造を、根本的に変化させた。

（3）新型産業集積の巨大化

情報技術の発展で、生産活動に必要な技術や技能などを情報として、スマートマシンが備蓄できるようになった[25]。この産業技術の変革により、発展途上国は先進的な知能型生産設備を導入し、技術レベルの貧弱さと熟練労働者不足とを補えることになった。発展途上国の工業化への敷居が大きく下がった[26]。

産業技術の革命的な変革は、工業活動の空間上の制約を低くした。発展途上国で比較的容易に工業生産活動ができるようになり、サプライチェーンは国境を越え発展途上国へと足場を広げた。効率化の競争を勝ち抜くために、企業は国民経済の壁に温存されていたフルセット型産業集積の不合理性から飛び出し、グローバルサプライチェーンを構築し、世界規模で最適生産を追求するようになった[27]。

23　図5-14を参照。

24　図5-15を参照。

25　半導体技術の急激な進化によって情報通信技術と機械技術を融合したメカトロニクスという新しい技術分野が生まれた。メカトロニクス革命は、工業製品に情報処理と記憶能力を備えることが可能となり、同時に、生産において知能を備えた機械が技術や技能を代替することができるようになった。周牧之著『メカトロニクス革命と新国際分業——現代世界経済におけるアジア工業化』（ミネルヴァ書房、1997年）を参照。

26　情報技術と機械技術の融合によってもたらされた産業技術の変革が、発展途上国の工業化にどう影響を与えたかについては、詳しくは、周牧之の上記同著を参照。

27　グローバルサプライチェーンの理論についての詳細は、周牧之著『中国経済論—高度成長のメカニズムと課題』（日本経済評論社、2007年）の第1章を参照。

これをきっかけに、グローバルサプライチェーン型産業集積も生まれた。アメリカのシリコンバレー、インドのバンガロール、そして中国の三大メガロポリスの新興産業集積はその典型である。グローバルサプライチェーンは三大メガロポリスに巨大な産業投資をもたらし、世界最大規模のエレクトロニクス産業、自動車産業、機械産業などの集積地を作り上げた。

　国を挙げて工業化を進める中国では、全国津々浦々の都市が工業発展を経済振興の最も重要な手段としている。しかし、中国の輸出工業は却って三大メガロポリスに集中している。三大メガロポリスの工業産出額および貨物輸出額が、中国全国で占める割合は、各々37.7％と73.2％に達している[28]。とりわけ中国全国で貨物輸出の占める割合が、工業産出に占める割合よりはるかに高いのは、三大メガロポリスの工業経済の品質が、他地域より高いことの表れである。そのことが、中国の工業経済をさらに三大メガロポリスへ収斂させていくであろう。

　「世界の工場」中国の中でも、三大メガロポリスこそが正真正銘の「世界の工場」であると言うべきであろう。

（4）文化科学技術とハイエンド・サービスの中心地域

　文化・科学技術とサービス、とりわけハイエンド・サービスの分野において、三大メガロポリスは全国の先駆けとなっている。〈中国都市総合発展指標〉は、都市のある機能を外部が利用する度合いを「輻射力（ふくしゃ）」として定義し、卸売・小売、医療、文化・スポーツ・娯楽、金融、高等教育、科学技術などの分野で評価した。その結果、三大メガロポリスの中心都市は、これらの分野で他の都市とは比較にならないほど強大な輻射力を持つことがわかった[29]。つまり、三大メガロポリスの中心都市はこの分野で、全国に向けてハイエンド的なセンター機能を提供している。

　卸売・小売の輻射力では、全国地級市以上の都市の295都市中、上位6都市は上海、北京、深圳、広州、南京、杭州であり、すべて三大メガロポリスに属する都市である。三大メガロポリスでの大規模かつ高密度の人口集積が、卸売・小売の発達を促した[30]。

　医療輻射力における上位3都市は北京、上海、広州であり、三大メガロポリス各々の中心都市がランクインしている。3都市には数多くのハイレベルな医療機関が集積し、他の地域から患者が最も利用する都市となっている[31]。

　文化・スポーツ・娯楽輻射力では上位8都市中、6都市が三大メガロポリスに属している。とりわけ上位3都市の北京、上海、広州は、文化・スポーツ・娯楽の中心都市としての地位がず

28　図5-16、図5-17を参照。

29　図4-11、図4-12、図4-13、図4-14、図4-15、図4-16を参照。

30　図4-11を参照。

31　図4-12を参照。

148

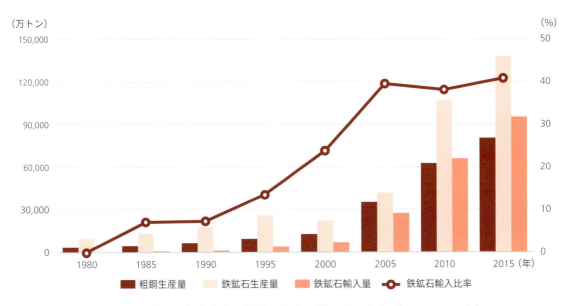

図5-14　中国の粗鋼生産、鉄鉱石生産、輸入量の変化（1980～2015年）

出典：中国国家統計局『中国統計年鑑』および中国国土資源部資料より作成。

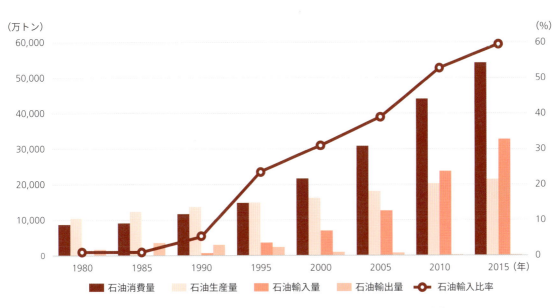

図5-15　中国の原油消費と輸入量の変化（1980年～2015年）

出典：中国国家統計局『中国統計年鑑』および中国国土資源部資料より作成。

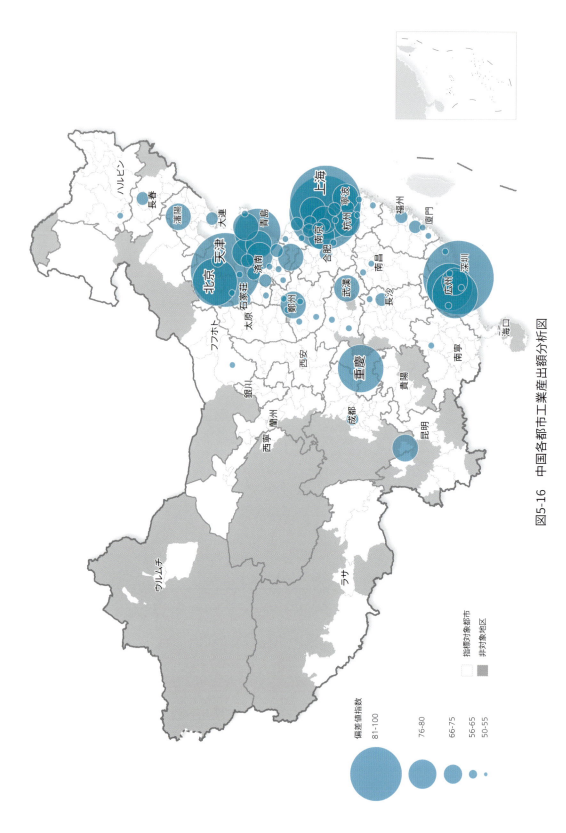

図5-16 中国各都市工業産出額分析図

150

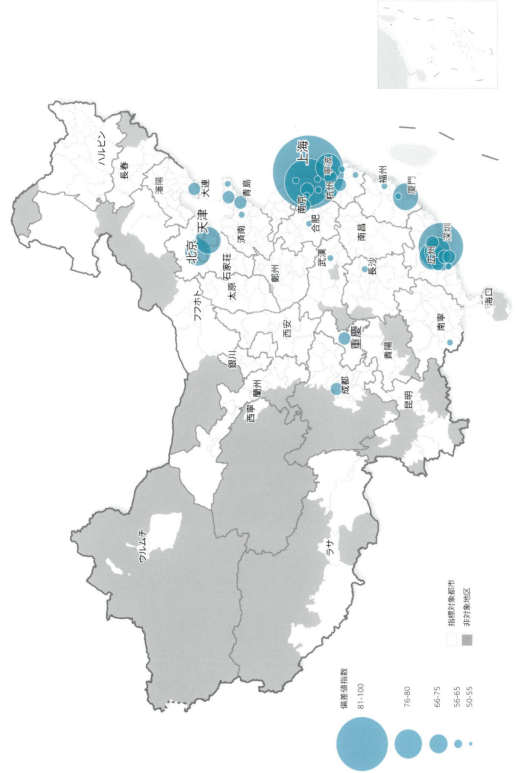

図5-17 中国各都市貨物輸出額分析図

第5章 メインレポート｜メガロポリス発展戦略 151

ば抜けて高く、なかでも首都北京は全国の文化センターとして位置づけられている[32]。

　高等教育輻射力の上位２都市も北京、上海であり、三大メガロポリスの中心都市が高等教育分野でも全国をリードしている。なかでも北京は全国における高等教育センターとしてその存在感は突出して強い[33]。

　科学技術輻射力においては上位30都市の中で、三大メガロポリスに属する都市は18都市にものぼる。とりわけ上位５都市は北京、上海、深圳、広州、蘇州であり、すべて三大メガロポリスの都市が顔を揃えている。特に北京は、全国の科学技術センターとしての地位が際立っている[34]。

　金融輻射力においては上位９都市の中で、三大メガロポリスに属する都市は７都市ある。そのうち、上海、北京、深圳は中国の三大金融センターとして不動の地位にある[35]。

　都市の時代は、都市競争の時代でもある。都市が外部の人材、資金、情報を引き寄せる「吸引力」は、「ストロー効果」と呼ばれる。卸売・小売、医療、文化・スポーツ・娯楽、金融、高等教育、科学技術は、すべて都市の吸引力の要素である。三大メガロポリスはこれらの分野での強大な優位性により、中国全土あるいは全世界から人材、資金、情報を一層引き付け、発展し続けている。

メガロポリス時代の挑戦と課題

　中国には「中国の都市化は中小都市モデルで進むべきだ」と主張する人が多い。多くの学者や官僚が、オーストリア、スイス、チェコ、ハンガリーなどの国が歩んだ中小都市モデルを崇拝している。もっとも、これらの国が中小都市モデルで都市化を進めたのは、工業化が始まった時期が早かったからである。ゆえに農村から都市部への人口移動は、大半が周辺の地域からであった。さらに労働力の移行プロセスも、長い時間をかけて農業から紡績業、機械業、そしてサービス業、情報産業にまで至った。

　これに対して、工業化の後発国は、大都市型の発展モデルを展開するケースが多い。人口も一挙に全国から大都市へと流れる。都市化プロセスの変化は、都市の経済主体としての現代産業の集積能力が、ますます強大になったことから起こった。

　200年余りの近代都市化プロセスは、都市化、大都市化、メガロポリス化の道を一途に辿り、都市の集積規模はさらに大きくなっている。現代産業の集積力が強大になるにつれ、都市規模

32　図4-13を参照。

33　図4-14を参照。

34　図4-15を参照。

35　図4-16を参照。

の経済効率への影響がますます重要になってきた。特に都市のインフラやマネージメント力のレベルアップにより、集積効果が高められ、集積のマイナス効果の低減が可能となってきた。もちろん一部の発展途上国においては、インフラ及び都市のマネージメント力向上に追いつかないほどの人口集積が起こり、渋滞や環境汚染およびスラム街の肥大化など大都市病が発生している。

中国政府は建国後長い間、人口や産業が都市部に集中する必然性を認識せず分散型重工業化政策、農村工業化政策、そして「小城鎮政策」[36]を進めた。これらの政策は産業立地および人口移動の自由を制限し大都市の発展を抑制した。

改革開放の深まりで企業立地が自由化され、産業投資は経済効率が高い地域に殺到し、メガロポリスへの大規模な人口移動が誘発された。しかし戸籍制度[37]がもたらした二元社会構造の現実に、政府の政策思考はがんじがらめとなり産業と人口が大都市やメガロポリスに集中する現象をなかなか直視できなかった。

2001年９月に、中国国家発展改革委員会、中国日報社、中国市長協会、日本国際協力事業団が共同で「中国都市化フォーラム――メガロポリス戦略」を上海市で開催した。中国において初めてメガロポリス政策を提案し[38]、メガロポリスに関する政策討論の口火を切った[39]。

中国政府は2006年、第11次五カ年計画において、メガロポリス発展政策を明確に打ち出した。これは、中国が半世紀にわたって続けてきた大都市抑制政策を放棄し、都市化政策を大転換したことを意味した。

メガロポリスは、フランスの地理学者ジャン・ゴットマンが1961年出版の著書『メガロポリス』で初めて概念として使用した。ゴットマンはアメリカ東海岸の５大都市が組み合わさった人口3,000万人の地域をメガロポリスと称した。

本レポートで論ずるメガロポリスと、ゴットマンが述べたメガロポリスは、メガロポリスが

36　小城鎮とは、郷鎮企業の発展によって自然発生し、大きいものは県および郷鎮の政府所在地に形成された数万人から十数万人の集積を指す。郷鎮企業とは、農村で村や郷鎮が所有する「集団企業」である。

37　人口移動制限のため、国民は戸籍制度によって都市戸籍と農村戸籍との二つのグループに分けられ、農村戸籍者の都市戸籍取得は容易ではない。

38　図 5-18 を参照。

39　国際協力事業団（JICA、現在名は国際協力機構）は、中国国家発展改革委員会と共同で 1999 年から 2002 年まで、中国で３年間の都市化政策に関わる合同開発調査を実施した。筆者は同調査の責任者を務め、調査研究及び報告書の作成を担当した。調査研究の一環として、2001 年９月に「中国都市化フォーラム――メガロポリス戦略」を開催し、メガロポリスの政策討論を行った。政策研究の成果として、調査団は中国の都市化の社会発展目標として、集約化社会、流動化社会、市民社会、サスティナブル化社会を提示した。また、上記の４つの社会発展の目標実現に向けて、行政区画改革、土地利用改革、地方財政改革、人口移動政策改革、社会保障制度改革、開発区制度改革、交通体系整備など、具体的な政策提言を行った。詳しくは同調査研究の最終報告書『城市化：中国現代化的主旋律』（湖南人民出版社〔中国〕、2001 年）を参照。

図5-18　中国メガロポリス戦略イメージ図

出典：周牧之主編『城市化：中国現代化的主旋律』（湖南人民出版社〔中国〕、2001年）

併せ持つ生産力と発展形態において大きな差異がある。メガロポリス経済の主体は、すでにフルセット型産業構造から世界的な分業構造へとシフトし、かつサービス産業と知識経済の占める比重が著しく増大した。特に注視すべきは、アメリカ大西洋沿岸メガロポリスの人口規模および人口密度が、今日の中国のメガロポリスには遠く及ばない点である。中国のメガロポリスと比較可能なのは、日本の太平洋メガロポリスである。

　本レポートでは、メガロポリスを、複数の大都市圏が緊密に連携する都市連担と定義する。その空間には数多くの大中小都市が存在し、さまざまな都市機能が密集し、有機的に相互連動している。都市間の時間的距離と経済的距離は、高密度かつ高速な交通ネットワークで短縮される。世界と交流交易する中枢機能を備え、世界との交流交易で得た活力を内部で分かち合えることが、メガロポリス発展の所以である。

　メガロポリスはその巨大さゆえに日常生活圏ではない。これに対して、大都市圏は通勤圏として定義できる。

　中国の三大メガロポリスの世界経済への影響力はさらに増大していく。同時に、三大メガロポリスの台頭は中国社会経済構造を大きく変え、大規模で高密度の都市社会をどう形作るかという大きなチャレンジを突きつけている。

（1）人口大移動

　建国後、最初の30年の計画経済を通じて中国は一定の工業生産力を打ち立て、当時の厳しい国際環境に対応した。しかしこの時期に行われた人口移動への制限、とりわけ農村居住者に対する都市での就業と居住とを制限する戸籍制度は、後の都市化の発展を妨げた。

　中国のメガロポリスが直面する最大の課題は、まず膨大な数の人口移動にどう対処するかである。〈中国都市総合発展指標2016〉によると、全国295の地級市以上の都市における「戸籍人口を超える常住人口数」を持つ上位30都市のうち17都市が、三大メガロポリスの都市である。さらにそのうち上海、北京、深圳、東莞、天津、広州、蘇州、仏山など同上位8都市はすべて三大メガロポリスの都市である。

　珠江デルタメガロポリスは2,569.9万人、長江デルタメガロポリスは2,182.5万人、京津冀メガロポリスは1,259.4万人の非戸籍常住人口をそれぞれ受け入れている。つまり、三大メガロポリスは6,000万人以上の人口の戸籍を伴わない純流入がある。上位3都市を見ると、上海は987.3万人、北京は818.6万人、深圳は745.7万人の純流入人口が各々ある[40]。

　以上から、膨大な数の外来人口がすでに三大メガロポリスで生活していることがわかる。しかし数千万人にのぼる農村戸籍を持つ出稼ぎ労働者は、仕事や生活上さまざまな制限や差別を受け、都市での社会保障や公共サービスシステムも未だ享受できず、真の意味での都市住民に

40　図4-17、図4-18を参照。

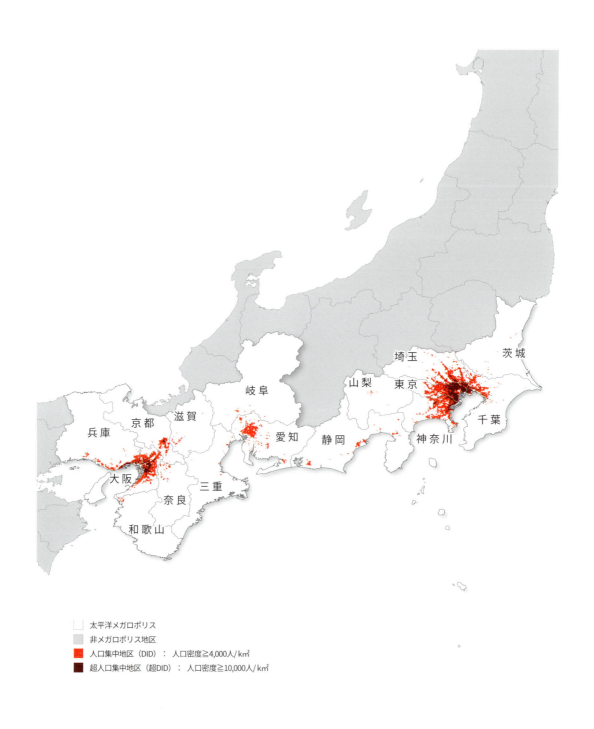

図5-19　太平洋メガロポリスDID分析図

出典：雲河都市研究院衛星リモートセンシング分析より作成。

なれていない。戸籍制度によって分割された社会構造は、農村戸籍と都市戸籍という２つの社会集団の間で、収入や社会福祉の格差を広げている。同じ都市空間で生活している２つの集団間の格差が、社会の矛盾と不公平さを浮き立たせている。

中国には寛容で開放的な都市社会が必要である。そのために、中国は戸籍制度を抜本的に改革し、国民全体に公平な社会保障制度や義務教育、医療、介護などの基本公共サービスシステム作りを急がなければならない。とりわけ人の移動に不利益となる制度を緩和し、都市への移住に伴う人々のストレスを低減させるべきである。

（2）都市の密度

1990年代以来、熱狂的な開発区"運動"や不動産ブームが、中国の都市化を牽引してきた。猛烈なモータリゼーションも、交通渋滞、環境汚染、長時間通勤などの都市問題に拍車をかけた。よって乱開発、スプロール化が蔓延し、都市の低密度開発が加速した。

都市は人口が集積する空間である。都市インフラと都市マネージメントが人口密度に追いつかない場合、"過密"などの大都市病が生じる。これに対して都市人口の"過疎"もまた、都市経済、特にサービス経済の発展を阻み、市民生活に影響を与える。中国の都市人口は、都市部と農村部の双方を含む行政単位によって統計される。かつ人口密度の尺度がないため、都市部における正確な人口の実態を反映できない。人口密度と都市との関係を分析できないがため、都市建設および都市化政策に混乱が生じている。

〈中国都市総合発展指標2016〉は中国で初めてDID（Densely Inhabited District：人口集中地区）という概念を導入し、中国における都市の人口実態および都市化の進展について、より正確な分析を試みた。それを可能にしたのは、衛星データのリモートセンシング解析であった。同〈指標〉では4,000人/㎢以上が繋がった地区をDID[41]とする。このDID定義は日本と同様であるため、人口密度における両国の比較分析が可能となった。

日本ではいわゆる都市化率とはDID人口の比率を意味する。「国勢調査」では、都市人口をDID人口と定義している。東京都のDID人口比率は現在98.2％に達した。つまりほとんどの人が、人口集中地区で生活している。東京都、埼玉県、千葉県、神奈川県からなる東京大都市圏のDID人口比率も89％にのぼる。東京大都市圏や名古屋都市圏、近畿都市圏で構成される太平洋メガロポリスのDID人口比率は78.9％で、日本全国のDID人口比率の67.3％に達している[42]。

それと比較すると現在の中国全土のDID人口比率は、まだわずか42.6％であり、日本とは25％ポイントほどの差がある。

41　国によって都市の人口密度の定義は異なる。先進国の中で日本は、都市に対する人口密度の基準が一番高く、都市エリアを人口集中地区（DID）と定め、人口密度が4,000人以上の連なった地区と定義している。

42　図5-19を参照。

第5章　メインレポート｜メガロポリス発展戦略　157

ただし大都市を見ると様子が違う。深圳のDID人口比率は全国トップの90.4%であり、三大メガロポリスの他の大都市では、上海は88.6%、北京は85.3%、広州は84.2%、天津は78.7%である。日本の人口100万人以上の12都市の総DID人口比率は93.9%である。これに対して中国のメガシティのDID人口比率はやや低いものの、その差は縮まってきている。

　中国の三大メガロポリスを見ると、DID人口の最高水準の珠江デルタメガロポリスは77.4%[43]、長江デルタメガロポリスは61%[44]、京津冀メガロポリスは51.4%[45]である。日本の太平洋メガロポリスと比較すると、DID人口比率において珠江デルタメガロポリスはかなり接近している。しかし長江デルタおよび京津冀両メガロポリスのDID人口比率はまだ低く、三大メガロポリスの都市化プロセスとの差異が明らかである。

　しかし、インフラ水準と都市マネージメント能力が日本に比べまだ低い中国では、DID人口密度が日本より高いことに注意すべきである。中国全土の平均DID人口密度は8,643人/km²にも達し、日本のそれを1,885人/km²も上回っている。

　中国のDIDの人口密度が日本と比べて2,000人/km²近く高いことに対して、全国のDIDの平均人口比率そのものは、日本より約25%ポイントも低い。両データから伺えるのは、日本と比べ都市インフラが遅れる中国の都市では、DID人口の密度が高すぎる「局部過密」問題と、人口全体における都市化率がまだ低いという問題を、構造的に抱えていることである。特に局部過密問題は、交通渋滞、環境問題など都市問題を引き起こしている。

　都市人口の密度と産業、特にサービス業の生産性には明白な関係性がある。人口密度の過疎は、特にサービス産業の生産性に不利益をもたらす。過疎はまた、都市のインフラと公共サービスのコストや財政負担、そしてエネルギー効率にマイナスの影響を与える。

　ひと昔前は、先進諸国ですら高密度人口のマイナス効果を強調することが、世論や都市政策の主流であった。しかし、インフラ水準や都市マネージメント能力の向上によって、高密度のマイナス効果は抑えられた。と同時に、高密度がもたらす生産性、利便性、多様性などプラス効果への認識が徐々に高まった。

　中国の都市では、マネージメント能力とインフラ水準を高め、高い人口密度がもたらす生産性、利便性、多様性などのプラス効果を、享受できるようにすることが大きな課題である。

　大規模な人口移動は中国でまだ続いている。今後数十年間、農村の労働力は絶え間なく都市に流入し、都市間の人口移動も速まり、メガロポリスは人口を受け入れる最大の都市空間となるだろう。集積効果を発展の原動力とする中国のメガロポリスは、高密度都市社会の実現に向けた大いなる戦いに挑んでいる。

43　図5-24を参照。

44　図5-29を参照。

45　図5-34を参照。

（3）知識経済の発展

　中国のメガロポリスの発展は、世界経済のパラダイムシフトの産物である。すなわち、グローバルサプライチェーンの展開の要請に応えて、巨大な工業生産力を蓄えたことによる。しかし今、世界規模の工業製品のデフレに直面し、これらメガロポリスは、工業経済からサービス経済及び知識経済へのシフトを急がなければならなくなった。

① 工業製品の価格下落

　グローバルサプライチェーンの分業は、それを構成する各部門の利益分配の上に成り立っている。中国は安価な労働力で組み立て等の部門を担い、国際競争の優位性を獲得しているものの、サプライチェーンで得られる利益は中国では限られている。大半の利益は海外での研究開発、主要部品の生産、ソフトウェア開発、ブランド経営、物流、販売などの部門の方に分配されている。

　このようなグローバルサプライチェーンの利益分配の特性と、中国が目下サプライチェーンの中で演じる役割とが、中国が30年間に及ぶ高度経済成長を経験しながら、いまだに経済強国へと成長しきれないことの一つの所以である。

　工業製品のデフレは、情報革命が富の分配メカニズムを変えた結果である。産業革命以来、工業生産力は一貫して世界の富の創造と分配の基軸であり続けた。それによって一次産品の貿易条件は絶えず劣化した。工業国は工業製品に有利な国際貿易体制を確立し、世界中から巨大な富を摂取した。

　しかしサプライチェーンが世界に拡がるにつれて、工業化は発展途上国へ及び、特に東アジアの発展途上国へ急速に普及していった。工業製品の生産と輸出は先進国の専売特許ではなくなり、中国をはじめとする途上国の工業生産への大規模参与によって工業製品のデフレが引き起こされ、工業製品の貿易条件はたちまち悪化した。逆に、著作権、特許、ブランド商標、ビジネスモデルなどの知的産品の貿易条件は急速に向上した。知識の創造力は工業生産力に取って替わり、世界における富の創造と分配の基軸となった。

② 集積と集中の激化

　グローバルサプライチェーンは、先進国で産業構造を変革させた。企業は現在、技術開発、ブランド経営、ソフトウェアと中核部品の生産に一層注力している。金融、運輸、通信、小売などのサービス業が、経済発展の主役となっている。映画や出版などの知識経済の象徴として著作権産業の成長が著しい。サービス産業や知識産業はいまや先進国都市の経済の主体となっている。

　工業経済は強い集積効果を持つ。集積効果によって、工業経済は特定の国の特定地域に集中する傾向があった。工業経済のこうした集積特性は、近代国家における地域間の不均衡発展を

もたらしただけではなく、地球規模での途上国と先進国間の南北問題も引き起こした。

　工業経済の集積は、産業や人口の都市部、特に大都市への集中を助長した。大都市はその集積効果によって生産効率を大きく高めただけでなく、人々に多彩な都市生活環境を提供した。しかし、都市住民は大気汚染、交通渋滞、長距離通勤など大きな代償も払わざるを得なかった。そのため大勢の人々が、経済の効率化や都市生活の豊かさを求めながら、一方で田園での牧歌的な生活に憧れを抱いていた。

　1980年代に情報革命を察知した未来学者アルビン・トフラー（Alvin Toffler）は著書『第三の波』の中で、情報技術を通して人々は田園牧歌的な生活を楽しむと同時に高効率な経済活動が可能となり、都市の経済的な地位が低下すると予想した。当時、大都市病と不均衡発展に悩まされた人々は、この仮説に大きな期待を寄せた。

　しかし現実は、私たちに正反対の結果を見せつけた。情報社会における大都市の役割は低下するどころか、ますます強大になった。1980年から2015年までに、250万以上の都市人口を増やした都市が、世界で92都市にも及んだ。その中で1,000万人以上人口が増えた都市が11都市もあった。

　知識経済は工業経済に比べ、大都市に人口や産業を集積させるエネルギーがより強大である。日本の状況が、まさにこれを証明した。工業経済時代、日本の経済および人口は、東京、大阪、名古屋、福岡の四大都市圏に集中していた。そして、知識経済への転換過程でも日本では、人口や産業が地方分散へ向かわず、逆に東京一極集中が進んだ。

　一極集中現象の源には、知識経済の強烈な大都市志向がある。工業経済時代、日本では四大都市圏が工業経済の集積地であった。知識経済時代では、東京大都市圏が国際交流機能をベースに、他の追随を許さない巨大な集積を作り上げた。こうした事例からわかることは、情報革命は大都市の地位を弱めるのではなく、かえってその重要性を強めるということである。

③ 接触の経済性

　知識経済の大都市志向は、知識経済の本質に由来する。

　知識経済の根本は、人間という情報キャリアにある。人々が交流を通じて情報を判断し知識を生み出すことが、知識経済の本質である。人の情報交流と創造の効率が、知識経済の生産性の決め手となる。

　人が持つ情報は2種類に分かれる。ひとつはデジタル化、形式化、文字化された情報であり、もうひとつはデジタル化、形式化、文字化ができないアナログ情報、あるいは勝手に公開することができない情報である。前者に比べ後者はさらに複雑である。この意味では、情報の交流が情報技術だけに頼ることは不可能である。人が持つ情報には情報技術を通じて伝える情報があり、また情報技術では伝わらない情報もある。外に伝えられる情報は毎秒30万キロの速さで地球を駆け巡り、それは人々の接触を促し、人の体から切り離せない情報の交換につながる。情

報技術の発展は、知識生産における人のface to faceの交流を減少させるどころか、却って増大させている。

「規模の経済性」で工業経済の効率は決定される。これに対し、「接触の経済性」[46]は知識経済の効率を決める。人と人が膝を突き合わせる交流の効率こそが、知識経済生産性の決定的な要因となる。

知識経済の生産性について言えば、接触の多様性、利便性と意外性は極めて重要である。情報の均質性を重視する工業経済に比べ、知のバックグラウンドの差異性こそが、知識経済にとって極めて重要である。似通ったバックグラウンドを持つ者同士の交流よりも、異なる知識と文化の背景を持った者同士の交流の方が、さらに知の価値を産みやすい。

情報キャリアの多様性、接触の便利性と意外性は、知識経済の生産性を決定付ける。知識経済は真の交流経済と言える。巨大な国際交流基盤を持つメガロポリスは、知識経済に最良のプラットフォームを提供する。情報社会でメガロポリスの果たす役割はますます大きくなり、経済や人口は一層メガロポリスに集中していくだろう。

④ 三大メガロポリスが牽引する中国の知識経済

2012年、中国の発明特許申請件数が初めてアメリカを上回り、世界のトップに躍り出た。今日、世界最大の特許申請国たる中国では、三大メガロポリスが特許ライセンス量の58.9%を占めている。各メガロポリスが全国に占める同割合は、珠江デルタが14.2%、長江デルタが33.5%、京津冀が11.1%である。知識経済のメガロポリスへの集約は中国でもはっきりしている。中国全土の49.6%の研究開発要員が集まる三大メガロポリスは、名実ともに中国の知識経済の牽引車となっている。

メガロポリスは知識経済時代の交流経済プラットフォームとして、国内外の人々を受け入れる包容力がいる。その意味では、メガロポリスは交流経済をサポートする物理的機能を備えるだけではなく、人々を受け入れる寛容性と多様性とを兼ね備えることが必要である。しかし北京、上海などの都市では今、外来人口への厳しい姿勢や海外とのネット接続規制といった時代の要請と逆行する事態が起こり危惧されている。

中国の知識経済発展は、メガロポリスの肩に負うところが大きい。工場経済[47]で身を起こしたメガロポリスを、知識経済に向けていかに進化できるか。これが中国の未来をも左右する。

46　知識経済の「接触の経済性」についての詳細は、周牧之著『中国経済論——高度成長のメカニズムと課題』(日本経済評論社、2007年)、第5章を参照。

47　工場経済とは、過度に工場機能に依存し、本社、研究開発、ブランド経営、販売、およびアフターサービスなどの機能が不在な産業構造を指す。

（4）サービス経済の高度化

　先進国ではサービス経済はすでに工業経済に取って代わり、大都市の経済主体となった。中国も今まさにこの大転換期に突入している。

　世界の工場として中国は鉄鋼、自動車、電子など多くの工業分野において過剰な生産能力を持つ。しかし、高等教育、医療、介護、文化、娯楽などサービス分野では深刻な供給不足である。

　サービス経済は都市住民の生活を向上し豊かにする肝心要である。と同時に知識経済や工業経済の効率性を高める要素でもある。

　サービス産業の発展は、中国経済の転換を左右する。中国全土のサービス経済の牽引役として、三大メガロポリスは人口密度を適切に高め、規制を緩和し、さらなる開放をもって、サービス産業を大発展させることが望ましい。

（5）生態環境の課題

　急速な工業化と都市化が中国に深刻な環境危機を引き起こしている。産業、生活、移動による汚染（大気、水質、土壌）、生物多様性の喪失、深刻な水不足などが、都市や周辺の生態環境に重大な影響を及ぼしている。工業化と都市化のフロントランナーとしての三大メガロポリスで、生態環境問題はとりわけ深刻である。

　〈中国都市総合発展指標2016〉によると国連の１人当たり水資源量の定義では[48]、中国の295の地級市以上の都市では、110都市が極度の水不足、45都市が重度の水不足に陥っている。

　そのうち、京津冀メガロポリス10都市の中で８都市が極度の水不足、長江デルタメガロポリスの26都市の中で８都市が極度の水不足、珠江デルタメガロポリス９都市の中で２都市が極度の水不足にある[49]。水資源問題は、明らかに中国のメガロポリスの発展を妨げる重大な要因となっている。工業化、都市化による深刻な水質汚染が、こうした水不足問題に拍車をかけている。

　大気汚染も今日、中国の都市を悩ませる深刻な問題である。〈中国都市総合発展指標2016〉のデータによると、全国地級市以上の295都市のPM$_{2.5}$の年間平均偏差値では、京津冀メガロポリス10都市の同偏差値は69.9であり、なかでも北京の同偏差値は78.7に達し、全国平均水準の50をはるかに上回っている。これは、同地域の大気汚染が、全国平均よりはるかに深刻であることを示している。長江デルタメガロポリス26都市の同平均偏差値は53.1で、ほぼ全国平均水準である。珠江デルタメガロポリス９都市の平均偏差値は33.3で、全国平均水準より良好である[50]。

48　国連は、年間１人当たり水資源量が500㎥以下の地域を極度の水不足地域とし、同500㎥以上 1,000㎥以下の地域を、重度の水不足地域としている。

49　図4-7を参照。

50　図4-6を参照

以上の分析からわかるように、京津冀メガロポリスは、水資源問題が非常に深刻であり、大気汚染も長江デルタおよび珠江デルタの両メガロポリスと比べ、より深刻である。気候や地理的な条件を取り除いても、京津冀メガロポリスの工業化と都市化の質は、他の両メガロポリスに比べて劣っていると言えよう。

　こうした課題に鑑み、三大メガロポリスがいかに生態環境友好型の発展を遂げるかが、今日の中国の経済社会発展における至上命題であろう。

（6）内陸部におけるメガロポリスの発展

　内陸地域と比べて、三大メガロポリスの最も際立つ優位性は、深水港を作れる立地条件である。これによって、世界との大交流、大交易の中枢機能が形成され、開放的な文化が育まれた。内陸部においても、成都、重慶を中心とした長江上流メガロポリスや、武漢を中心とした長江中流メガロポリスなどが形成されつつある。しかし、世界との大交流、大交易の舞台としては、内陸メガロポリスは、三大メガロポリスと同レベルで論じることはできない。

　それにしても、内陸部では経済や人口が大都市に集積・集中する傾向がますます明確になってきた。交通インフラの整備とともに、隣接する複数の大都市と中小都市が関係を深め、徐々にメガロポリス的集積空間を形成しはじめている。メガロポリスは中国内陸部においても発展の基本形態となりつつある。

　内陸地域発展のボトルネックは、深水港から遠いことである。そのため内陸のメガロポリスでは輸送コストの影響が少ない産業を、経済発展のエンジンとする必要がある。

　また、内陸地域は、沿海地域よりも環境容量が小さく、河川下流への環境影響も大きい。環境問題に対してより慎重な対応が必要である。とりわけ、北方地域では、すでに水不足が深刻で、節水型の発展モデルの構築を急がなければならない。

　よって内陸地域では、工業経済よりは知識経済そしてサービス経済への取り組みが重要である。特に内陸の中心都市においては、交通の中枢機能や金融、商業、教育、科学、文化、娯楽、医療等のセンター機能の構築いかんが、地域全体の発展に、大きな影響を及ぼす。つまり中国の内陸の発展は、内陸のメガロポリスそしてその中心都市の行方にかかっている。

メガロポリスの大変革

　〈中国都市総合発展指標2016〉の「ビジネス環境」小項目の全国地級市以上295都市の偏差値において、京津冀メガロポリスの北京が第1位、天津が第7位であり、長江デルタメガロポリスの上海が第2位、杭州が第6位、南京が第9位、寧波が第11位、蘇州が第12位であった。珠江デルタメガロポリスでは広州が第3位、深圳が第4位、東莞が第10位となっている。同偏差値の全国上位12都市で三大メガロポリスに属さない都市は、第5位の重慶と第8位の成都だけ

であった。ビジネス環境における三大メガロポリスの優位性が際立っている。

　同「開放度」小項目の全国地級市以上295都市の偏差値において、上位20都市のうち三大メガロポリスが15都市を占めている。そのうち、長江デルタメガロポリスは第1位の上海をはじめとして6都市が、京津冀メガロポリスは第2位の北京をはじめとして2都市が、珠江デルタメガロポリスは第3位の深圳をはじめとして7都市が占めている。三大メガロポリスは、中国の開放経済をリードしている。

　同「人的交流」小項目の全国地級市以上295都市の偏差値において、上位20都市のうち三大メガロポリスが10都市を占めている。そのうち、長江デルタメガロポリスでは第1位の上海をはじめ6都市が、京津冀メガロポリスでは第2位の北京をはじめ2都市が、珠江デルタメガロポリスでは第3位の深圳をはじめ2都市が占めている。三大メガロポリスが中国の交流経済のペースメーカーとなっている。

　経済の減速、環境問題の深刻化、伝統的な工業の生産能力過剰など、約40年前の改革開放当時同様、中国はいま、歴史的な変革の瀬戸際にある。メガロポリスは改革開放の騎手として、社会の変革、経済の転換を主導する重責を担っている。

　本レポートの後半は、珠江デルタ、長江デルタ、京津冀の三大メガロポリス、そして内陸部の成渝メガロポリスを取り上げ詳細に分析する。

2. 珠江デルタメガロポリス

　珠江デルタ地域は広東省の一部と香港、マカオの2つの特別行政区から成るエリアである。改革開放初期、香港はイギリスに、マカオはポルトガルに統治されていた。1997年に香港が、1999年にマカオが相次いで中国に返還され、特別行政区となった。本来、珠江デルタメガロポリスは香港とマカオを内包しているが、データの制限によって、本レポートでは両都市を含めていない。本レポートでは中国国家発展改革委員会の定義に従い、広東省の広州、深圳、珠海、仏山、江門、肇慶、恵州、東莞、中山の9都市を珠江デルタメガロポリスと定め、分析を行う。

改革開放政策の試験区

　1980年、広東省の深圳、珠海、汕頭、および福建省厦門の4都市が「経済特区」に指定され、中国の対外開放が幕開いた。

　広東経済発展の起爆剤はまさに、グローバルサプライチェーンの展開であった。1980年代初め、広東省は中国全土に先駆けて原材料や部品を輸入し、加工品を輸出する加工貿易政策を奨励した。多くの海外企業が同地の優遇政策に惹かれ、工場を投資した。当時、グローバルサプライチェーンが発展途上国で展開したビジネスモデルは、「アジア四小龍」と呼ばれる韓国、台湾、シンガポール、香港のNIEs[1]化で成熟した。NIEsの労働力コスト上昇に伴い、香港と隣接する広東省はグローバルサプライチェーンの新天地となった。

　1993年には、80％以上の香港の製造業企業が、広東省を含む中国華南地域に生産機能を移転し、同エリアに3万カ所以上の工場を建設した。これら香港資本の企業で勤務する大陸の従業員数は、当時300万人に達し、これは香港の製造業従業者数の5倍であった。広東省は香港の製造業の大規模な移転を受けて産業基盤を着実に作り上げ、大きく発展した。

　香港の成熟した金融センター、貿易センター、海運センターは、広東省の産業発展に重要な役割を果たした。また、広東省の経済発展も香港に大陸の関連業務を授け、大発展のチャンスを提供した。これを受けて香港の空港と港湾も、アジアの重要な交通ハブの一つとして発展した。香港の金融市場も多数の大陸企業の上場によって、大いに活気づいた。

1　経済協力開発機構（OECD）は1979年に発表した報告書『The Impact of Newly Industrializing Countries on Production and Trade in Manufactures』で、ブラジル、メキシコ、スペイン、ポルトガル、ギリシャ、ユーゴスラビア、韓国、台湾、シンガポール、香港の10カ国・地域における工業製品輸出の急増を取り上げ、これらの国・地域をNICs（Newly Industrializing Countries：新興工業国）と称した。しかし1980年代に入ると、経済成長は韓国、台湾、シンガポール、香港などアジアNICsに限定され、ラテンアメリカとヨーロッパのNICsは成長の軌道から外れた。よって、これらアジアNICsの呼称は、1988年のトロントサミットで、アジア地域のNICsをNIEs（Newly Industrializing Economies：新興工業経済地域）へと変更した。

服飾、電子、玩具などの加工貿易で勃興した広東省は、40年の発展を通じて今日、その産業の領域は電子、機械、自動車、鉄鋼、石油、化学工業など工業の全領域に及び、世界最大級の複合型産業集積地の一つに成長した。

特に広東省の現地企業の急成長は目覚ましい。HUAWEI、中興、TCL、格力、美的に代表される多くの地元企業が、世界に名だたる大企業へと飛躍した。

外来人口の大規模受け入れ

改革開放政策を率先して実施したことで、広東省は数千万に及ぶ人々を中国全土から呼び寄せた。計画経済で長期間封じ込められていた活力が、「広東ドリーム」によって弾けると、空前規模の人口移動が湧き起こった。

農民工と呼ばれる出稼ぎ労働者は、広東省に廉価な労働力を大量に提供し、急速な工業化で拡大した労働力需要を満たした。高等教育を受けた大勢の大卒者も、当時の流行語「孔雀が東南へ飛ぶ（人材が広東省へ向かう）」を合言葉に内陸から広東へ向かい、その多くが同地に住み着いた。

〈中国都市総合発展指標2016〉によると、珠江デルタメガロポリス9都市において、戸籍を持たない常住人口は、深圳市が745.7万人、東莞市が642.9万人、広州市が465.7万人、仏山市が349.5万人、中山市が163.2万人、恵州市が124.2万人だった。江門、珠海の両市の外来人口受け入れは比較的小規模であり、それぞれ57.5万人と51.2万人である。肇慶市は唯一人口が流出した都市であり、その流出規模は30万人である。珠江デルタメガロポリスは現在、戸籍を持たない居住人口が合わせて約2,600万人にのぼり、中国では最も外来人口を受け入れている地域となっている[2]。

巨大な産業と人口の集積によって、珠江デルタ地域に、人口が密集する都市連担－珠江デルタメガロポリスが形成された。

新興産業集積は、豊富な人的リソースを必要とする。珠江デルタメガロポリスは開放的で寛容な文化と社会環境とで、大勢の外来人材と労働力とを引きつけ、人的リソース備蓄の制約を克服した。

インフラ整備

グローバルサプライチェーン型産業集積は、文化や制度上の開放だけでなく、世界と連携するためのインフラ整備も必要としている。

2　図4-17、図4-18を参照。

グローバルサプライチェーンは、何よりも膨大な貿易量を処理できる大型港を必要とする。珠江デルタは地理的に、大型港湾をつくるために必要な深水海岸線に恵まれている。

　また幸運にも広東省で加工貿易政策がはじまったとき、香港はすでに世界屈指のハブ港に成長し、グローバルサプライチェーンが広東省で大展開する条件を提供できた。

　グローバルサプライチェーンによる巨大な海運量を得て、深圳港、広州港も躍進を遂げ、世界第３位と第８位のコンテナ港に成長した。

　〈中国都市総合発展指標2016〉のデータによると、全国295の地級市以上の都市のコンテナ港の利便性ランキングで、珠江デルタメガロポリスは８都市がトップ30に入っている。なかでも深圳は第２位につけている。全国コンテナ港取扱量の26.3％を占める珠江デルタメガロポリスは、中国で最も海運条件に恵まれた地域だと言えよう[3]。

　グローバルサプライチェーンの珠江デルタでの展開は、地域や国境を飛び越えた人的往来を増大させていった。これに対応するために同地域では、今日すでに香港国際空港、マカオ国際空港、広州白雲国際空港、深圳宝安国際空港、珠海金湾国際空港、恵州平潭空港、仏山沙堤空港の７空港が建設された。これら空港の旅客取扱量は中国全国の11.2％、航空貨物取扱量は同18.4％を占めている。

　〈中国都市総合発展指標2016〉によると、全国295の地級市以上の都市の空港利便性ランキングでは、広州と深圳はそれぞれ第３位と第４位である。また、珠江デルタメガロポリスでは、中山、東莞、仏山、珠海の４都市が同ランキング30位以内に入っている。珠江デルタメガロポリスは、世界各地と交流するうえで非常に利便性の高い地域となっている[4]。

　高密度な高速道路、高速鉄道、運河のネットワークが、珠江デルタの都市に張り巡らされ、高度な分業体制を有する連担都市が形成された。

　港、空港、高速道路、高速鉄道、電力などのインフラに膨大な投資を費やしたことで、珠江デルタメガロポリスのインフラ水準は大幅に改善され、グローバルサプライチェーンの高効率な展開が保障された。

空間構造の特色

　産業発展が珠江デルタに人口を大量流入させ、巨大規模の都市人口が集積した。広州、深圳両都市はすでに常住人口がそれぞれ1,308.1万、1,077.9万人のメガシティとなり、東莞、仏山の人口規模も各々834.3万人、735.1万人に達した。また、恵州、江門、肇慶、中山の４都市の常住人口も300〜400万人規模となった。同メガロポリスにおいて、人口規模が最少の珠海すら

3　図5-12を参照。

4　図5-13を参照。

第５章　メインレポート｜メガロポリス発展戦略　167

161.4万人に達している

　珠江デルタメガロポリスに根付いた大規模な人口は、合計5,094.5㎢に及ぶ巨大な人口集中地区（DID）を形成した。本レポートではDID分析を通じて同メガロポリスの空間構造を分析し、以下３つの特徴を明らかにした。

　珠江デルタメガロポリスの空間上の際立った特徴は、人口の都市化率が中国で最も高いエリアであることだ。5,763.4万人の常住人口に対して同メガロポリスのDID人口規模は、4,406.7万人に達し、DID人口比率は77.4%に達している。特に深圳のDID人口比率は90.4%に達し、同比率において中国の都市でトップとなった。広州、東莞、仏山、珠海、中山５都市の同比率も、各々84.2%、83%、82％、79.9%と74.9%に達している。恵州、江門の同比率は各々63.5%、55.8%である。肇慶の同比率は最も低く42.8%に留まる。

　珠江デルタメガロポリスの空間上の第二の特徴は、「三大三中二小」構造である。「三大」とは広州＋仏山、深圳、東莞のDID面積が各々1,787.8㎢、1,128.2㎢、894.5㎢であることを指す。仏山のDIDの大部分が広州のDID地域と隣接し、「大広州」の一角として考えられる。恵州、江門、中山、肇慶、珠海の５都市のDID面積は比較的小さく、また分散している。

　広州と仏山で形成する「大広州」のDID人口規模は1,690.3万人に達し、同メガロポリス内における最大の都市エリアである。深圳のDID人口規模は943.6万人に達し、大広州地区に次ぐ都市エリアである。東莞のDID人口規模も695.2万人に達している。

　「三中」は恵州、江門、中山を指す。DID人口はそれぞれ294.2万人、252.5万人、237.3万人である。「二小」は珠海と肇慶を指し、各々のDID人口規模は200万人以下である[5]。

　「三大三中二小」の空間構造において、広州＋仏山、深圳、東莞から成る「三大」のGDP規模、貨物輸出額、第三次産業GDPの合計は、それぞれ珠江デルタメガロポリスの80%、83%、84%を占めている。

　珠江デルタメガロポリスの空間構造の第三の特徴は、「一長一短」の二本の都市連担である。「一長」とは、広州、東莞、深圳から香港にまで至る１本の密集した都市連担である。「一短」とは、広州と仏山東部に連なる「大広州」の人口集中地区から、中山の北部と江門の東北部に至るもう１本の都市連担である。

産業構造の特色

　珠江デルタメガロポリスはすでに分厚い工業集積を形成し、中国における第二次産業GDPおよび貨物輸出額において、各々８%、23.7%を占めている。グローバルサプライチェーン型産

5　ここでの「大中小」はあくまで相対的な表現である。人口200万人以下の規模を「小」と称していても、実際はかなり大きい人口集積である。

業集積として輸出志向は濃厚である。

　改革開放初期、香港の空港や港湾の国際ハブ機能、そして貿易、金融などのセンター機能を利用し、広東省の「工場経済」は迅速に発展し、「前は店、後ろは工場」と呼ばれるような、香港と広東がセンター機能と工場機能を補い合うモデルが作られた。しかし、今日では、巨大な産業および人口集積を盾に、珠江デルタメガロポリスには、すでに国際的な空港や港湾、そして貿易、金融、コンベンションなどセンター機能が形成されている。同メガロポリスの工業経済も、単純な工場機能から本社機能、研究開発などの領域へと拡大した。

　〈中国都市総合発展指標2016〉の「輻射力」による珠江デルタメガロポリスの分析では、卸売・小売の分野で深圳、広州の輻射力は突出しており、それぞれ全国第３位と第４位である。両市における商業の高集積に比べ、その他の都市の同集積は相対的に貧弱である。

　科学技術の分野では、深圳と広州は強大な輻射力を持ち、全国の科学技術輻射力ランキングは第３位と第４位である。また、東莞、仏山、中山の３都市は全国の同輻射力トップ30にランキング入りし、それぞれ第14位、第17位、第23位である。深圳、広州は全国のR&D人員数ランキングで、それぞれ第３位と第６位である。珠江デルタメガロポリスは全国のR&D人員数のうち、12.5％も占めている。両都市は全国の特許取得数ランキングでもそれぞれ第４位と第９位で、同メガロポリスは全国の特許取得数のうち14.2％を占めている。深圳と広州の２都市を中心に、珠江デルタメガロポリスはすでに中国の重要な研究開発センターの一つに成長している[6]。

　高等教育の分野では、珠江デルタメガロポリスで広州だけが全国の高等教育輻射力トップ30に唯一ランクインし、第７位である。深圳、東莞の同輻射力は共にマイナスである。これら新興都市の高等教育が、自身の旺盛な人材需要に応えられていないことを表している。同メガロポリスは全国の大学生数の5.7％を有しているものの、京津冀と長江デルタと比べ、高等教育の分野でまだ相対的に弱い[7]。

　1991年に証券取引市場が開設された深圳は、いまや全国三大金融センターの１つになっており、全国金融輻射力は第３位である。珠江デルタメガロポリスでは全国金融輻射力トップ30に広州、珠海もそれぞれ第７位と第12位にランクインしている[8]。

　文化・スポーツ・娯楽の分野では、広州と深圳は全国文化・スポーツ・娯楽輻射力ランキングトップ30入りし、各々第３位と第７位であるものの、北京・上海との差は大きい。同時に、新興都市である深圳は省都の広州に比べ、この分野ではまだ弱い。珠江デルタメガロポリスでは、

6　図 4-15 を参照。

7　図 4-14 を参照。

8　図 4-16 を参照。

文化・スポーツ・娯楽の施設と活動が広州に集中している[9]。

　医療分野は、珠江デルタメガロポリスは広州だけが全国医療輻射力トップ30に、唯一第3位でランクインした。多くの都市の同輻射力はマイナスである。これは新興都市での医療サービスが、域内の需要を満たしていないことを意味している。京津冀、長江デルタと比べて珠江デルタメガロポリスは、医療分野において高いニーズがあるにもかかわらずその集積は未だ遅れている[10]。

　香港に隣接する深圳は、中国全土で海外旅行客数（香港、マカオ、台湾からを含む）が最も多い都市であり、広州も全国第3位である。珠江デルタメガロポリスが、中国全土の海外旅行客数に占める割合は27.7%に達している。同メガロポリスはまた、全国の最大のコンベンションセンターに成長した[11]。

　総じて、珠江デルタメガロポリスには、北京、上海に匹敵するほどの中心都市は存在しないものの、広州、深圳は人口1,000万人以上のメガシティにまで成長し、同メガロポリスを牽引する二大エンジンとなっている。

　製造業、金融、研究開発などの分野においては、深圳はすでに広州を超えている。しかし省都である広州は、文化・スポーツ・娯楽、医療、高等教育の分野では依然として高い実力を保っている。

　他都市における製造業の発展は著しく、東莞、仏山、恵州、珠海、中山5都市は全国の貨物輸出トップ30に入り、それぞれ第4位、第13位、第16位、第22位、第23位である[12]。しかし、これらの都市は未だサービス産業の分野が貧弱である。今後サービス経済を充実させることで、「工場経済」から真の意味での都市経済へアップグレードが必要である。

珠江デルタメガロポリスの評価分析

　〈中国都市総合発展指標2016〉の環境大項目では深圳がトップに上がった。また広州は第11位であった。同環境大項目において、珠江デルタメガロポリスは「水土賦存」と「気候条件」小項目での全国における優位性が明らかである。

　大気汚染は、京津冀メガロポリスと比べ、珠江デルタメガロポリスは相対的に軽微であり、たとえば全国地級市以上295都市の中で、$PM_{2.5}$汚染が最も軽微なトップ30の中で、恵州と深圳はそれぞれ第17位と第30位である。しかしながら、中国で最も工業化が進んだ地域のひとつとし

9　図4-13を参照。

10　図4-12を参照。

11　図4-10を参照。

12　図5-17を参照。

て水質汚染、土壌汚染は深刻である。

　環境大項目において、「環境努力」、「資源効率」、「コンパクトシティ」、「交通ネットワーク」、「都市インフラ」などの小項目では、珠江デルタの都市は相対的に上位ランキングにある。

　同〈指標〉で、珠江デルタメガロポリス内9都市の、環境大項目におけるパフォーマンスを評価すると、深圳は優位性が突出している。広州、仏山の偏差値は接近し第2位と第3位である。恵州、中山は第3グループに位置し、江門、東莞、珠海は第4グループ、肇慶は最下位である[13]。

　〈中国都市総合発展指標2016〉の社会大項目のランキングトップ20の中で、広州、深圳は、それぞれ第5位と第11位である[14]。

　同〈指標〉で珠江デルタメガロポリス内9都市の、社会大項目におけるパフォーマンスを評価すると、省都である広州は第1位、深圳は続く第2位である。両都市と、他の都市との間には大きな差があり、第2グループは仏山、珠海、東莞、中山で各々第3位、第4位、第5位、第6位である。第3グループは肇慶、江門であり、恵州が最下位である[15]。

　中国で最も早く対外開放政策を実施し、グローバルサプライチェーンと連動発展してきた珠江デルタメガロポリスの経済力には、確かな厚みがある。

　〈中国都市総合発展指標2016〉の経済大項目のランキングトップ20都市中、同メガロポリスは4都市がランクインし、深圳、広州、東莞、仏山はそれぞれ第3位、第4位、第13位、第18位となっている。同メガロポリスの経済大項目における実力を誇示している[16]。

　同〈指標〉で、珠江デルタメガロポリス内9都市の、経済大項目におけるパフォーマンスを評価すると、深圳、広州の優位性が際立つ。第2グループの東莞、仏山は、それぞれ第3位、第4位である。第3グループの中山、珠海、恵州はそれぞれ第5位、第6位、第7位である。江門、肇慶は最下位のグループに属している[17]。

　〈中国都市総合発展指標2016〉総合ランキングでは、深圳、広州の成績が第3位、第4位とずば抜けて高い。珠江デルタメガロポリスの中心都市としての実力が浮き彫りになっている。また仏山も同第17位につけている[18]。

　同〈指標〉で、珠江デルタメガロポリス内9都市の総合指標を評価すると、深圳と広州両都市の優位性が際立っている。第3位、第4位、第5位、第6位、第7位、第8位は、それぞれ

13　図 5-21 を参照。
14　図 2-6 を参照。
15　図 5-22 を参照。
16　図 2-8 を参照。
17　図 5-23 を参照。
18　図 2-2 を参照。

第5章　メインレポート｜メガロポリス発展戦略　171

仏山、東莞、中山、珠海、恵州、江門で、最下位は肇慶である[19]。

次なる挑戦

〈中国都市総合発展指標2016〉によると、中国で都市化が最も進んだ珠江デルタメガロポリスは、DID人口比率が77.4%であり、全国の最高水準である。この値は日本の太平洋メガロポリスの83.2%に比べ5.8%ポイントの差である。すなわち、珠江デルタメガロポリスでは、22.6%の人口に当たる1,300万人が、今なお非DID地域に生活している。同メガロポリスの空間構造における最大の課題は、人口をさらにDID地域に集約しなければならない点にある。都市化への道のりはいまだ遠い。

さらに注意すべきは、太平洋メガロポリスと比べ、珠江デルタメガロポリスのDID人口密度が657人/㎢も高くなっていることである。つまり、珠江デルタメガロポリスのDID人口密度は、そのマネージメント能力やインフラ水準と比べ、相対的に高い。そこから生まれる交通渋滞や生活の不便さといった様々な問題をいかに解消するかが、同メガロポリスの空間構造が直面する第2の課題である。

珠江デルタメガロポリスにおいては、開発区や工業園区などの工場誘致のために設置された政策的な開発エリアがたくさんあり、そこでは低密度の開発が横行していると同時に、大量のDIDが中心市街地の外に分散し点在している状況を作り出した。こうしたエリアにおけるインフラ整備や公共サービスの提供、さらに社会マネージメントは遅れをとっている。これらにどう対処するかが、同メガロポリス空間構造における大きな課題であろう。

なお、この地域における最大の課題は、香港、マカオとのリンケージの強化である。近年、香港、マカオを巻き込んだ「粤港澳大湾区」計画が浮上してきた。珠江デルタ9都市と香港、マカオとの連携と協働が一気に進むと期待されている。

---

19 図5-20を参照。

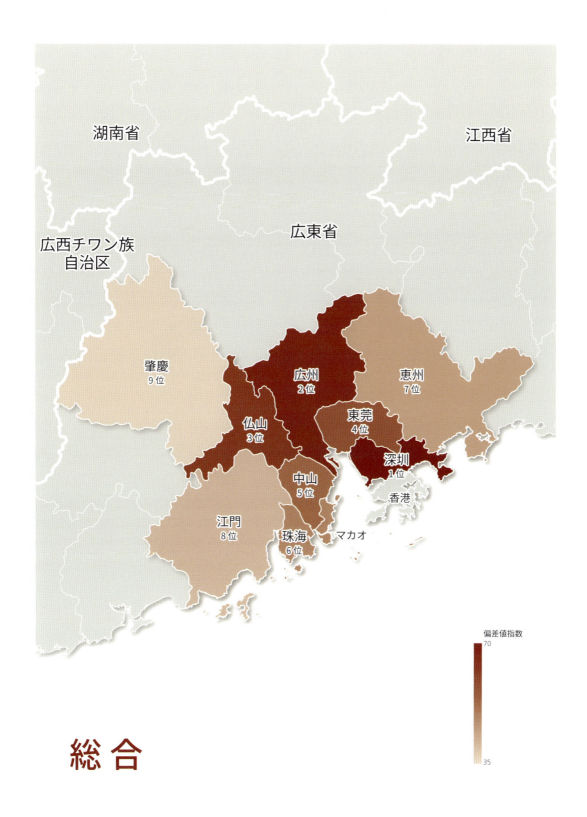

図5-20　珠江デルタメガロポリス９都市総合指標分析図

注：上記は、珠江デルタメガロポリス9都市の偏差値の順位である。以下、図5-23まで同。

第５章　メインレポート｜メガロポリス発展戦略　　173

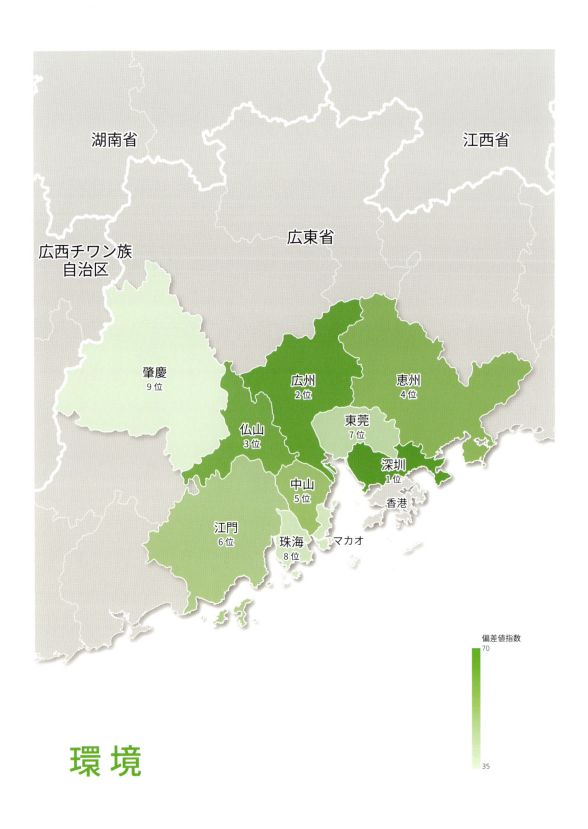

図5-21　珠江デルタメガロポリス9都市環境大項目分析図

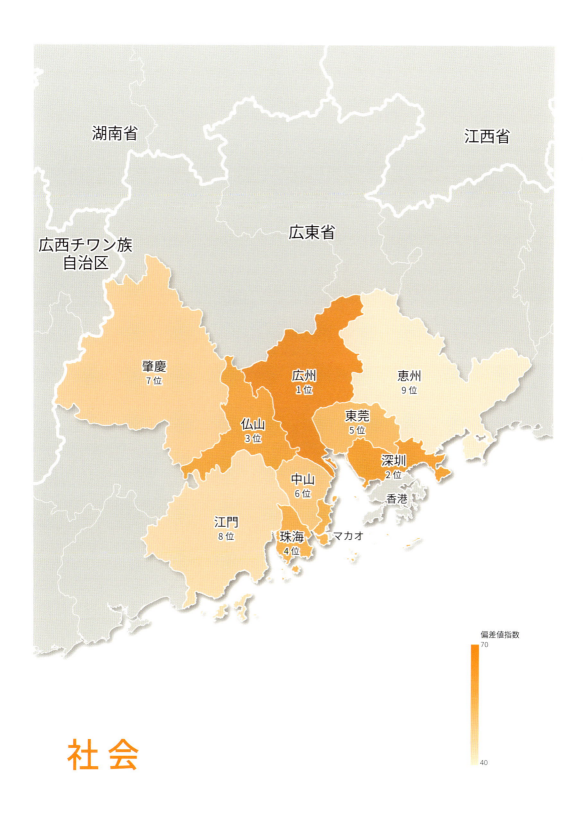

図5-22　珠江デルタメガロポリス9都市社会大項目分析図

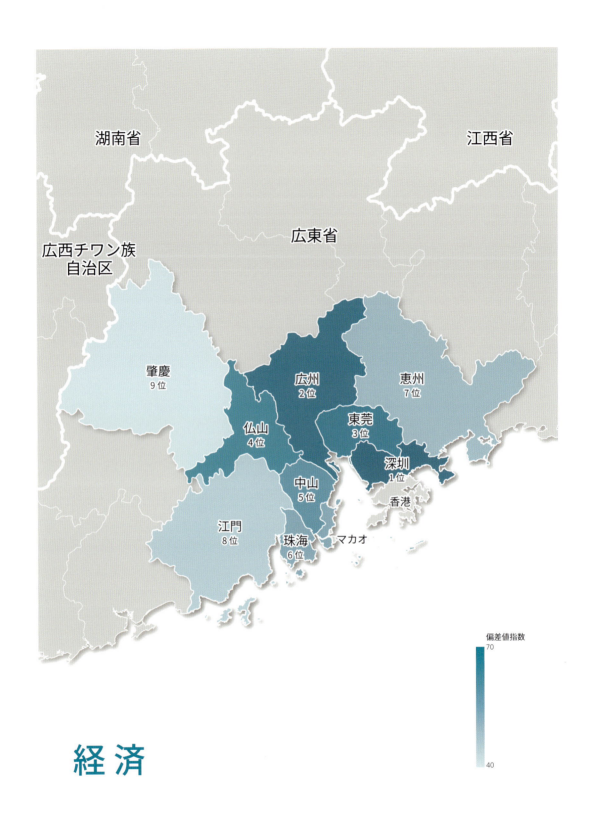

図5-23　珠江デルタメガロポリス9都市経済大項目分析図

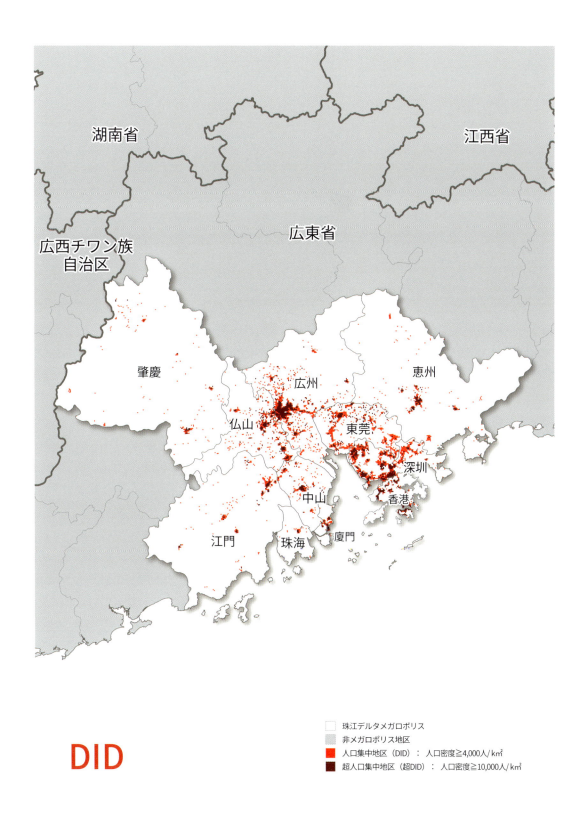

図5-24 珠江デルタメガロポリスDID分析図

出典：雲河都市研究院衛星リモートセンシング分析より作成。

第5章 メインレポート｜メガロポリス発展戦略 177

3.　長江デルタメガロポリス

　長江デルタは中国経済において活力、産業能力、イノベーション能力が最も高く、外から最も人口を受け入れている地域の一つである。同地域は交通条件の利便性が高く、広大な後背地を持ち、多くの都市が密集し、中国の社会経済発展を牽引する重要なエンジンである。本レポートは中国国家発展改革委員会の定義に従い、上海、南京、蘇州、無錫、常州、南通、塩城、揚州、鎮江、泰州、杭州、寧波、嘉興、湖州、紹興、金華、舟山、台州、合肥、蕪湖、馬鞍山、銅陵、安慶、滁州、池州、宣城の26都市を、長江デルタメガロポリスと定め、分析を行う。

浦東開発を契機に大発展

　アヘン戦争後の1843年に開港して以来、上海は常に東アジアの中心都市であった。上海は、アジアの貿易センターおよび金融センターであったと同時に、その長江の入江に立地する地政学的な重要性により、中国最大の交通中枢であった。

　特記すべきは、1865年の江南機械製造総局（略称：江南製造局）、1890年の上海機械織工局の設立により、上海で中国近代機械工業および紡績工業の発展の幕が開かれたことである。その後、中国近代工業の発祥地としての上海は、一貫して全国最大の工業基地であり続けた。

　新中国成立後、計画経済体制のもと、上海は貿易および金融のセンター機能を失ったものの、商工業の厚みと地政学的優位性とにより、軽工業から重工業に至る産業構造を作り上げ、中国随一の商工都市の座を保持し続けた。

　しかし、1980年代以降、改革開放政策の逸早い実施で広東省が高度成長を実現したことに比べ、国営企業を主体とした上海は経済停滞に苦しんでいた。

　だが、当時の国営企業の経営難は、上海周辺地域の郷鎮企業[1]に発展のチャンスを与えた。とりわけ江蘇、浙江両省の郷鎮企業は、上海の国営企業から人材、設備、技術、ブランドまでを譲り受け、急速に発展した。

　上海の産業蓄積と、江蘇、浙江両省の活力とが合わさって、郷鎮企業は発展し、長江デルタに巨大な工業力を作り上げただけでなく、旺盛な企業家精神を育んだ。これが後の同地域の大発展の基礎固めとなった。

　1990年に中国政府は上海浦東新区開発を正式始動し、長江デルタ地域は歴史的な大発展期を迎えた。

　浦東開発を機に、中央政府は上海に積極的な投資受け入れ政策と大胆な国営企業改革を許可した。民営企業も上海に活力に満ちたビジネス層を生み出した。浦東開発は上海を低迷から救

1　郷鎮企業とは、農村で村や郷鎮が所有する「集団企業」である。1980年代の中国では資本が私有財産として認められていなかったため個人は民間企業を起業できず、村や郷鎮が所有する集団起業の形にする必要があった。

い、大発展期へと道を開いた。

　郷鎮企業が繁栄した1980〜1990年代、都市の発展は当時の国策により依然抑制されていたため、「小城鎮」と呼ばれる郷鎮企業の集積が、長江デルタ都市化のトレンドとなった。停滞する都市の周辺に、急速に広がるたくさんの小城鎮が興った。こうした現象は当時「蘇南モデル」と呼ばれ、世間の注目を集めた。

　浦東開発は上海だけでなく、長江デルタ全地域に大きなチャンスをもたらした。中国政府は浦東開発に、長江流域全体の発展をも引っ張られることを期待していた。1992年、政府は長江流域を対象にした「沿江開放政策」を打ち出し、「上海を先頭に、長江流域の協調発展を実現する」と構想し、全国の金融センターや航運センターとして上海の港湾、空港、高速道路など広域インフラ整備に、大規模な投資を実施した。

　浦東開発における政策緩和により、長江デルタ地域の各都市は競って開発区を設置し、各種の優遇政策を打ち出し、積極的に投資を誘致した。さらに1990年代末以降、国は都市の拡張に対する抑制を徐々に緩和し、同地域の都市建設面積は急拡張し、産業と人口が大都市に一気に集積した。

　都市機能と大型インフラの改善によって上海はセンター機能を向上させ、グローバルサプライチェーンに必要なビジネス環境を充実させた。グローバルサプライチェーンの大展開と、中国の最も実力ある産業地帯の開放が幸運にも巡り会い、長江デルタ地域は大発展した。

　長江デルタ地域は今日、電子、機械、自動車、鉄鋼、石油、化学工業にいたる全工業分野において世界で最大規模の複合型産業の集積地となった。産業の急速な発展が都市の成長を牽引した。それぞれ特色のある都市は高密度な交通ネットワークを通じて巨大な都市集合空間 – メガロポリスを形成した。長江デルタメガロポリスは今、中国経済発展を牽引する一大エンジンに成長した。

外来人口の大規模受け入れ

　広東省に遅れること10年、1990年代以降長江デルタ地域にも大量の外来人口が流れ込みはじめた。同時に、この地域の内部でも農村から都市、地方都市から大都市へと大規模な人口移動が発生した。

　〈中国都市総合発展指標2016〉によると、長江デルタメガロポリス26都市のうち、上海は現在、987.3万人の非戸籍常住人口を抱え、中国最大規模の外来人口を受け入れている。

　蘇州、寧波、杭州、南京、無錫、嘉興、常州がそれぞれ受け入れた非戸籍常住人口は399.3万人、197.3万人、173.4万人、173万人、172.9万人、108.9万人、101万人である。金華、合肥、紹興、鎮江、湖州、舟山の6都市の受け入れ非戸籍常住人口規模は67万人から17万人の間であった。台州、銅陵、馬鞍山の3都市の人口移動のプラスマイナスは、ほぼゼロであった。揚

州、池州、宣城、蕪湖、南通、泰州、滁州、安慶、塩城の9都市は人口流出都市である。とりわけ塩城の流出人口は100万人を超えている[2]。

　膨大な産業と人口の集積が、長江デルタ地域に密度の高い都市連担を形成し、2,586万人にものぼる非戸籍常住人口を受け入れる一大メガロポリスを作り上げた。

　長江デルタメガロポリスは国内外企業と人材に発展的な空間を提供し、その活力を活かし、高度成長をものにした。

大規模インフラ建設

　上海は2004年、中国の国際航運センターに指定された。上海港はいま世界一巨大なコンテナ港となった。長江デルタメガロポリスではさらに寧波－舟山港が世界第6位のコンテナ港となっている。蘇州港と南京港も中国全国コンテナ取扱量ランキングでそれぞれ第11位と第14位である。

　〈中国都市総合発展指標2016〉によると、全国295の地級市以上の都市において、全国コンテナ港利便性で上海はトップとなった。長江デルタメガロポリスは上海の他に12都市が、同利便性全国ランキングトップ30にランクインしている。同メガロポリスは中国全国のコンテナ港取扱量の34.4％も占め、中国最大の海運センターとなっている[3]。

　東アジアのハブ空港として建設された上海浦東国際空港は、すでに中国旅客乗降数ランキング第2位の国際空港となっている。また、長江デルタメガロポリスは他にも上海虹橋国際空港、杭州蕭山国際空港、南京禄口国際空港という中国旅客乗降数上位30位にランクインする3つの国際空港を持つ。加えて寧波櫟社国際空港、合肥新僑国際空港、無錫蘇南碩放国際空港、常州奔牛国際空港、揚州泰州国際空港、金華義烏空港、南通興東空港、塩城南洋空港、舟山普陀山空港、台州路橋空港、池州九華山空港、安慶天柱山空港の12空港があり、同デルタメガロポリスでは計16空港から成る巨大な航空システムが形成されている。

　〈中国都市総合発展指標2016〉によると、上海は全国295の地級市以上都市の空港利便性ランキングで、首位に立つ。長江デルタメガロポリスは全国空港旅客乗降数および航空貨物取扱量の各々19.3％、33.8％を占め、中国最大の航空輸送センターとなっている[4]。

　世界的なハブ機能を持つ大型空港や港の整備により、長江デルタメガロポリスは、世界との交流・交易のビジネス環境を整えた。さらに至る所に高速道路、高速鉄道、内陸河川航路ネットワークが張り巡らされ、高度に分業した巨大な産業集積を作り上げた。大規模なインフラ投

2　図4-17、図4-18を参照。

3　図5-12を参照。

4　図5-13を参照。

資は、長江デルタメガロポリスの社会経済発展の確たる基礎となった。

空間構造の特色

　1980年代の農村主体の「郷鎮企業」と「小城鎮」発展を経て、長江デルタは1990年代以降、大規模な工業化及び都市の発展段階に入った。同地域は、大量の人口を受け入れ、巨大規模の都市人口集積が出来上がった。なかでも2,426万人の常住人口を持つ上海は、中国最大人口規模を誇るメガシティとなった。

　蘇州も常住人口1,000万を超えるメガシティに成長している。杭州、南京の二つの省都も近い将来、メガシティになる見込みである。

　寧波、合肥、南通、塩城、無錫、台州、金華、安慶の8都市の人口規模は、500万〜800万人規模である。人口100万から500万人の間の都市は、紹興、常州、泰州、嘉興、揚州、滁州、蕪湖、鎮江、湖州、宣城、馬鞍山、池州、舟山の13都市である。人口規模が100万以下の都市は銅陵だけである。長江デルタメガロポリスの常住人口規模は1.5億人にものぼり、中国人口の11.8%をも占めている。

　〈中国都市総合発展指標2016〉によると、長江デルタメガロポリスのDID人口は9,138.6万人であり、全国DID総人口の15.9%を占め、中国最大規模の都市人口集積となっている。しかし、DID人口比率はまだ61%と低く、珠江デルタメガロポリスより16.4%ポイントも低い。

　巨大な産業と人口集積が、長江デルタ地区に総面積10,014.9 ㎢ の人口集中地区（DID面積）を作り上げた。本レポートはDIDを用いてメガロポリスを分析し、以下に挙げる3つの空間構造上の特徴を見出した。

　長江デルタメガロポリスの空間上の第一の特徴は、内部26都市の発展レベルの格差が大きいことである。上海のDID人口比率が88.6%に達していることに対して、メガロポリス内部で計10都市の同比率は50%以下であり、最下位の池州はわずか13.3%である。

　第二の特徴は、「一大十四中十一小」構造である。「一大」とは、2,076.3万人ものDID人口を持つ上海であり、都市人口規模では中国最大である。その規模と機能は他の都市を遥かに超えている。

　「十四中」とは、DID人口200〜700万規模の都市が、南京、杭州、蘇州、合肥、寧波、無錫、台州、常州、金華、南通、紹興、安慶、揚州、嘉興まで14都市あることを指す。「十一小」とは、DID人口規模200万人以下の11都市で、塩城、鎮江、泰州、蕪湖、馬鞍山、滁州、湖州、宣城、舟山、銅陵、池州がこれに当たる。そのうち宣城、舟山、銅陵、池州4都市は、DID人口規模が100万人以下である[5]。

5　ここでの「大中小」とは相対的な言い方である。

長江デルタメガロポリスの空間構造の第三の特徴は、「一密一疎」の2本の都市連担があることである。「一密」は、上海から南京を経て蕪州までの長江南岸に形成された比較的密集した都市連担である。

「一疎」は、上海から杭州湾に沿って杭州を経て寧波に至る都市連担である。前者に比べ、後者は相対的にその密度が緩やかである[6]。

12都市からなる「一密一疎」の2本の都市連担のGDP、人口規模、DID人口規模とDID面積が、長江デルタメガロポリスに占める割合は、それぞれ71.4%、59.5%、75.8%、72.3%に達している。

産業構造の特色

長江デルタメガロポリスは、中国で産業力が最も高い地域である。全国の第二次産業GDP、貨物輸出額が占める割合は各々18.3%、44%に達し、中国最大の工業センターかつ輸出基地となっている。

上海を中心として長江デルタメガロポリスは、金融、貿易、研究開発、文化・スポーツ・娯楽、観光・コンベンションなどのセンター機能を兼ね備えている。

〈中国都市総合発展指標2016〉の「輻射力」の概念を用いて、長江デルタメガロポリス26都市を分析すると、卸売・小売の分野では、上海は全国最大の商業地であることがわかった。

全国地級市以上295都市の卸売・小売の輻射力において、南京、杭州、蘇州、合肥は各々第5位、第6位、第17位、第21位であった。だが、この4都市の卸売・小売は、上海の卸売・小売のボリューム、レベル、コンテンツの豊富さに比べると、未だかなり格差があり、地域的な商業センターのポジションに留まっている[7]。

科学技術分野で、全国の科学技術輻射力ランキング第2位の上海は実力が極めて高い。その他さらに蘇州、杭州、無錫、南京、寧波、常州、合肥、揚州、鎮江、南通の10都市が、同輻射力全国トップ30にランクインしている[8]。

長江デルタメガロポリスは全国で24.7%のR&D人員数及び33.5%の特許取得数を有し、中国最大の研究開発センターとなっている。

高等教育の分野では、上海は全国高等教育輻射力ランキングで、北京に次ぐ第2位である。南京、杭州、合肥もそれぞれ第4位、第13位、第14位であり、人材を排出する高等教育基地を

6　図5-29を参照。

7　図4-11を参照。

8　図4-15を参照。

担っている[9]。長江デルタメガロポリスの全国大学生数に占める割合は14.3%に達し、中国最大の高等教育センターとなっている。

1990年に上海証券市場、1999年に上海先物取引市場が相次いで開かれ、上海は全国最大の金融センターとなり、全国トップの金融輻射力を持つ。杭州、南京、寧波、蘇州、無錫の同輻射力ランキングはそれぞれ第4位、第8位、第9位、第13位、第24位である[10]。

文化・スポーツの分野では、上海は同輻射力ランキング第2位と高位である。省都としての南京、杭州、合肥の同輻射力ランキングはそれぞれ第5位、第8位、第25位であり、いずれも地域的な文化・スポーツセンターとなっている[11]。

医療分野では、上海は医療輻射力全国第2位で、北京に次ぐ全国的な医療センターの一つとなっている。杭州、南京は第8位と第12位であり、地域的な医療センターである[12]。

上海は全国海外旅行客ランキング第2位の都市となっており、杭州、蘇州、寧波はそれぞれ第5位、第18位、第19位である。長江デルタメガロポリスは全国海外旅行客数のシェアを18.2%有し[13]、また中国最大のコンベンションセンターの一つともなっている。

すなわち長江デルタメガロポリスでは、上海が各種の全国的センター機能を発揮している。省都の南京、杭州そして合肥は、地域センターとして機能している。蘇州、寧波、無錫、常州などの都市は急速に発展し、製造業はもちろんサービス業分野でも強力な産業力を形成している。

長江デルタメガロポリスの評価分析

〈中国都市総合発展指標2016〉の環境大項目ランキングにおいて、長江デルタメガロポリスの26都市の中で、上海と蘇州がトップ20にランクインし、それぞれ第5位と第20位である。国連が定める1人当たりの水資源量の基準で見れば、同メガロポリスでは実に半数の8都市が極度の水不足に陥っている。大規模な工業化と都市化は、同地域の生態環境に大きな負荷を与えている[14]。

同〈指標〉でメガロポリス内26都市の環境大項目を分析すると、上海の優位性は突出している。蘇州は偏差値で上海と一定の差はあるものの、第2位となっている。

第2グループの寧波、南京、杭州、台州4都市の偏差値は近接し、それぞれ第3位、第4位、第5位、第6位である。第3グループは金華、無錫、舟山、池州、南通、常州、揚州、嘉興、安

9　図4-14を参照。

10　図4-16を参照。

11　図4-13を参照。

12　図4-12を参照。

13　図4-10を参照。

14　図2-4を参照。

第5章　メインレポート｜メガロポリス発展戦略　183

慶、泰州、塩城、紹興、合肥で、第4グループは湖州、滁州、蕪湖、宣城、鎮江、銅陵の各都市であり、馬鞍山は最下位となっている[15]。

〈中国都市総合発展指標2016〉の経済大項目ランキングの首位は、上海である。長江デルタメガロポリスで全国トップ20にランクインしているのは、第6位の蘇州、第7位の杭州、第9位の南京、第14位の寧波と第15位の無錫である。6都市も経済の全国ランキング上位20都市にランクインしている現象は、長江デルタメガロポリスの経済的な実力の高さを端的に示している[16]。

同〈指標〉でメガロポリス内26都市の経済大項目ランキングを分析すると、上海はトップ、次いで蘇州、杭州、南京、寧波、無錫5都市が第2グループとなる。第3グループは常州、合肥、南通、嘉興、紹興、鎮江、舟山、揚州、金華、台州、湖州、泰州、蕪湖、塩城の14都市。第4グループは、銅陵、馬鞍山、安慶、宣城、滁州、池州の6都市である[17]。

〈中国都市総合発展指標2016〉の社会大項目ランキングで、長江デルタメガロポリスの6都市がトップ20にランクインしている。すなわち第2位の上海、第4位の杭州、第7位の南京、第8位の蘇州、第15位の無錫、第17位の寧波で、経済力が同メガロポリスの社会発展の強力な後ろ盾となっている[18]。

同〈指標〉でメガロポリス内26都市の社会大項目ランキングを分析すると、上海の優位性が突出し、杭州、南京、蘇州の3都市が第2グループである[19]。第3グループは無錫、寧波、紹興、金華、嘉興、揚州、常州、南通、合肥、湖州、鎮江、台州12都市である。第4位グループは泰州、舟山、塩城、宣城、安慶、銅陵、蕪湖7都市となる。最下位グループは池州、馬鞍山、滁州の3都市である。

〈中国都市総合発展指標2016〉総合ランキングで、上海の成績は堂々たる第2位だった。また、蘇州、杭州、南京、寧波、無錫の5都市が全国トップ20にランクインし、それぞれ第6位、第7位、第9位、第12位、第15位となり、長江デルタメガロポリスの総合的な実力を誇示している[20]。

同〈指標〉でメガロポリス内26都市の総合指標を分析すると、上海のトップは揺るがない。蘇州、杭州、南京3都市の総合偏差値は接近し第2位グループとなっている。寧波、無錫がその後に続く[21]。

15　図5-26を参照。
16　図2-8を参照。
17　図5-28を参照。
18　図2-6を参照。
19　図5-27を参照。
20　図2-2を参照。
21　図5-25を参照。

次なる挑戦

〈中国都市総合発展指標2016〉によると、長江デルタメガロポリスのDID人口比率は珠江デルタメガロポリスに比べて16.4%ポイントも低く、5,850万人が未だ非DID地域に生活し、都市化の道のりはまだ厳しいといえる。

しかし一方で、長江デルタメガロポリスのDID人口密度は珠江デルタメガロポリスよりも高く9,125人/㎢に達し、日本の太平洋メガロポリスの同密度より1,132人/㎢も高い。都市マネージメント能力やインフラレベルに比べ人口密度は高過ぎる状態で、局部過密現象が深刻である。

注意すべきは、同メガロポリスにおいて数多く設置されている開発区や工業園区で、低密度の開発が広がっていることである。他方、郷鎮企業の発展をきっかけに鎮や村単位での開発が進み、大量のDIDが中心市街地の外に分散して点在する状況を作り出している。

長江デルタメガロポリスは一層の都市化の進展を通じて、工場経済から都市経済への移行を必要としている。ゆえに、大都市を中心にサービス業を発展させ、都市生活の質や経済活動の効率を高め、高密度大規模都市社会の構築に挑戦しなければならない。

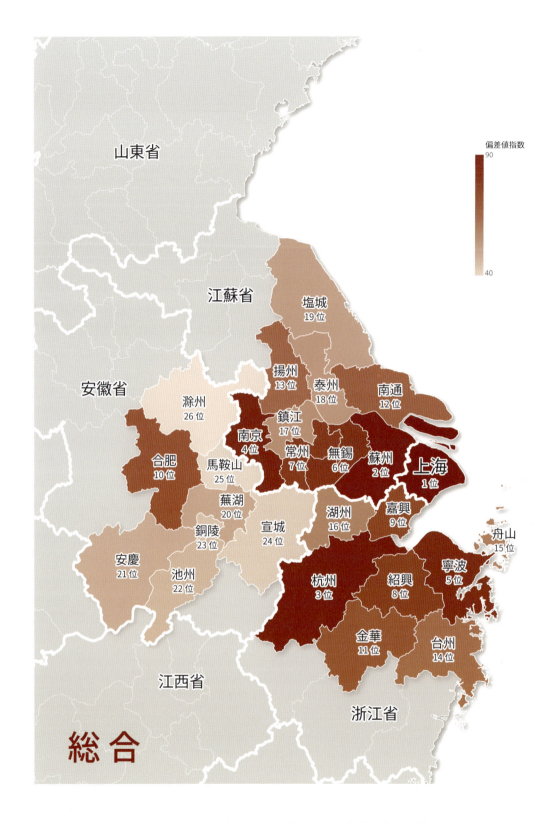

図5-25　長江デルタメガロポリス26都市総合指標分析図

注：上記は、長江デルタメガロポリス26都市の偏差値の順位である。以下、図5-28まで同。

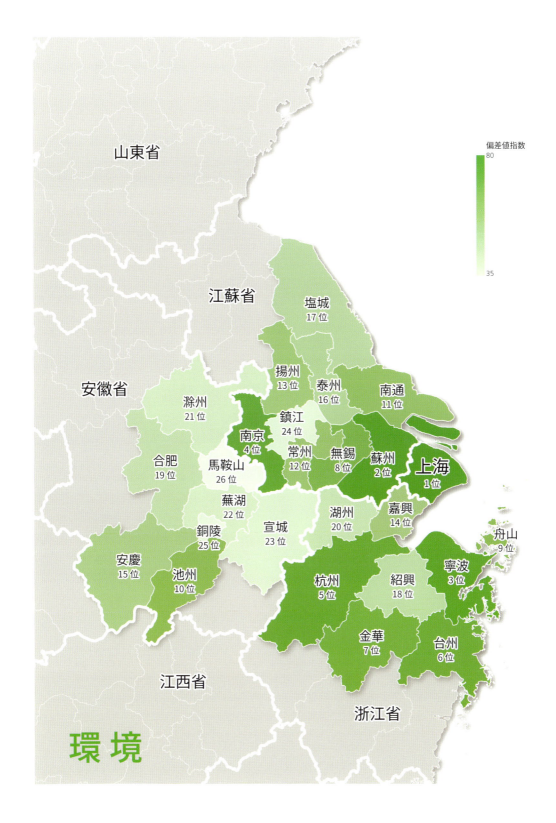

図5-26 長江デルタメガロポリス26都市環境大項目分析図

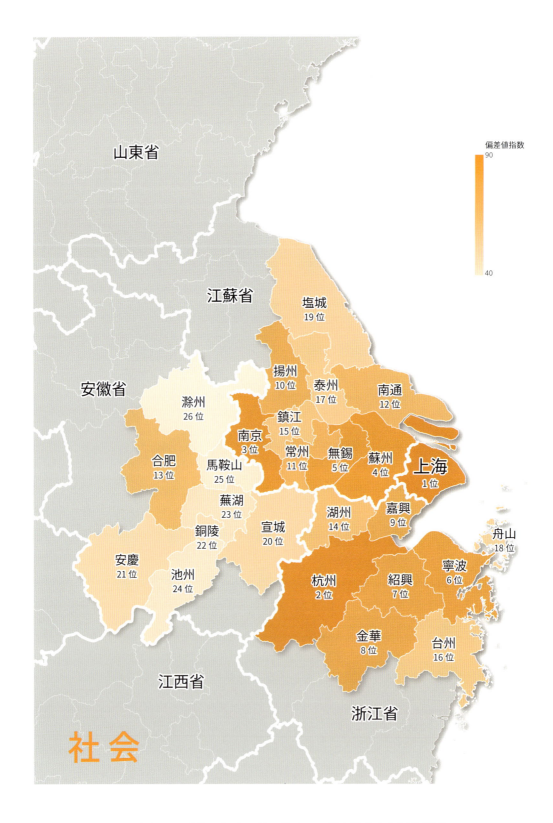

図5-27 長江デルタメガロポリス26都市社会大項目分析図

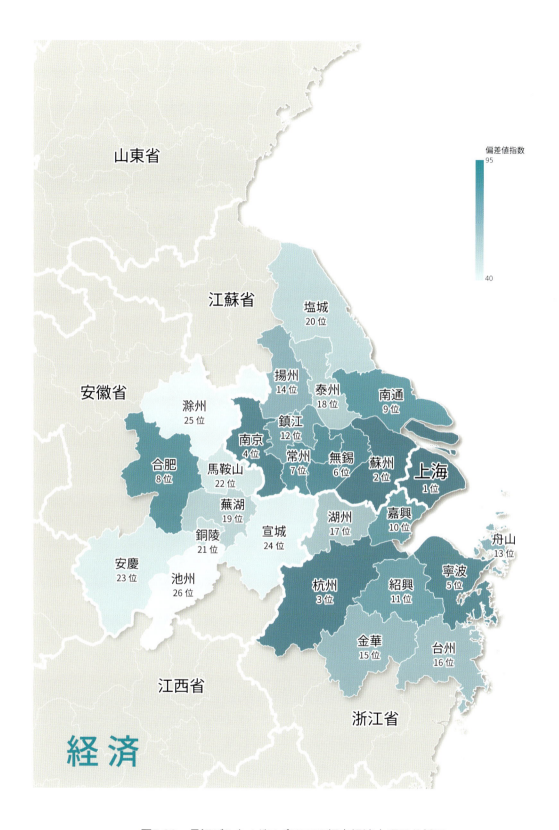

図5-28　長江デルタメガロポリス26都市経済大項目分析図

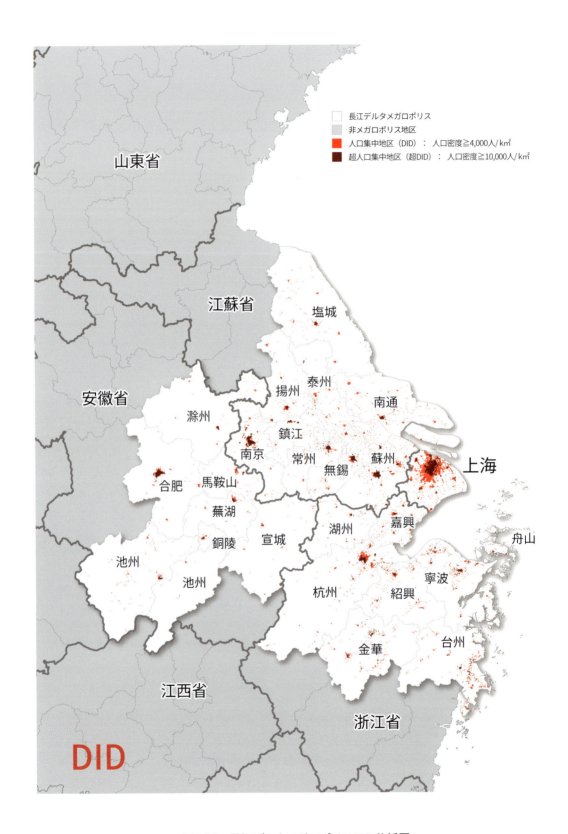

図5-29　長江デルタメガロポリスDID分析図

出典：雲河都市研究院衛星リモートセンシング分析より作成。

4. 京津冀メガロポリス

　中国経済発展の新しいエンジンとして北京、天津を中心とする京津冀メガロポリスが大発展期に入った。本レポートは中国国家発展改革委員会の定義により、北京、天津、石家荘、唐山、秦皇島、保定、張家口、承徳、滄州、廊坊の10都市を京津冀メガロポリスと定め分析する。

北京・天津のダブルコア

　京津冀地域は渤海に面し、背後に太岳山脈が連なり、地政学的に非常に重要な位置にある。同地域は北京、天津の二大直轄市を抱えながら、周辺都市の発展は遅れ、その格差が著しい。

（1）北京

　首都北京は、京津冀メガロポリスの中核である。紀元前221年、秦の始皇帝が中国を統一して以来、北京は常に中国北方の重鎮かつ中心であり続けた。1272年以降、元、明、清三大王朝は相次いで首都を北京に置き、1949年10月１日に中華人民共和国は北京を首都として正式に定めた。

　建国前、北京は一消費都市にすぎなかった。新中国成立後、政治、文化、教育の中心となった北京は、工業基地と科学技術センターの使命をも与えられた。計画経済下の30年間の重化学工業化により、北京は一時期、中国北方の重工業の要となった。

　改革開放後、北京は知識経済へとかじを切り、ハイテクをはじめとする「首都経済」への転換を図った。とりわけオリンピックを契機とし、「人文北京、ハイテク北京、グリーン北京」の発展理念を掲げ、工業基地からの脱皮を成し遂げた。

　北京には今日、中国の政治経済の中枢機能が集中し、同時に教育、科学技術、文化メディア、医療衛生、国際交流など各種のセンター機能を発揮し、各界のエリートを集めている。

（2）天津

　京津冀メガロポリスの第二の大都市は、天津である。

　隋朝の大運河開通を皮切りに、天津は「南糧北運（南の食糧を北へ運ぶ）」の中継地となった。元朝以降、天津は北京の玄関として、常に軍事と水運の要所であり続けた。

　天津の近代化は、「洋務運動」を機にはじまった。清政府はいち早く天津に機械製造局を創設し、西洋から技術や設備を導入して外国人技術者を雇用し、近代工業の発展に向けて歩みを進めた。洋務運動期、天津は鉄道、電報、電話、郵便、鉱業、近代教育や司法などで全国に先駆けた。天津は当時中国第二の商工業大都市であり、北方最大の金融商業貿易センターであった。

　新中国成立後、天津は北京、上海と並ぶ直轄市となり、工業基地としての実力をさらに強化した。

天津経済技術開発区が1984年に設置され、積極的な外資導入がはじまった。2005年に中国政府は「天津浜海新区」を設置し、新区建設を通じて京津冀地区を珠江デルタ、長江デルタに続く新しい成長エンジンに発展させようと努めた。天津に集まったエアバス、シェル、一汽トヨタ、サムスン電子など多くの国内外企業が、いまや、航空、電子情報、石油採掘・加工、海洋化学工業、現代冶金、自動車・装備製造、食品加工、生物製薬にいたる複合的な産業集積地を作り上げた。

外来人口の大規模受け入れ

　〈中国都市総合発展指標2016〉によると、首都北京は、818.6万人の非戸籍常住人口を受け入れている。上海に次ぐ外来人口受け入れ第2の都市である。天津も500.3万人の非戸籍常住人口を受け入れている。京津冀メガロポリスの中では、石家荘、唐山、秦皇島、廊坊4都市は各々36.7万、23.6万、11.4万、1.8万人の人口流入がある。それに対して、張家口、承徳、滄州、保定4都市は人口が流出している。保定の流出人口は50万人近くにのぼる。

　北京、天津の2大直轄市を中心に、京津冀地域では人口が密集する都市連担 – 京津冀メガロポリスが形作られている。同メガロポリスは現在1,259.4万人の外来人口を受け入れている。これは珠江デルタメガロポリスの半分近くの規模である[1]。

大規模インフラ建設

　首都北京の海の玄関として天津港は、中国コンテナ取扱量ランキングでは第6位、また世界コンテナ取扱量ランキングにおいて第10位で、中国北方で最も重要なハブ港である。

　〈中国都市総合発展指標2016〉によると、天津は京津冀メガロポリスの中で、コンテナ港利便性において全国トップ30に唯一ランクインした都市である。同メガロポリスが全国コンテナ港取扱量に占める割合は7.8％であり、中国北方最大の海運センターとなっている[2]。

　京津冀メガロポリスは、海運に比べ、航空輸送での優位が際立っている。中国の空の玄関である北京首都国際空港は、中国旅客乗降客数最大の空港であり、アジアにおいても航空便発着数で第1位を誇る国際ハブ空港である。天津浜海国際空港も中国旅客乗降客数で第20位である。北京南苑空港、石家荘正定国際空港、唐山女三河空港、張家口寧遠空港、秦皇島北戴河空港の5空港を加えると、同メガロポリスには、すでに7つの空港から成る巨大な航空網が形成されている。

1　図 4-17、図 4-18 を参照。

2　図 5-12 を参照。

中国最大の航空輸送センターの一つとして、京津冀メガロポリスが中国旅客乗降数と航空貨物取扱量における割合は各々13％と15.6％に達している。

　〈中国都市総合発展指標2016〉によると、北京は全国295の地級市以上の都市における空港利便性ランキングで第２位である。ほかに京津冀メガロポリスは天津と廊坊の両都市が同ランキングトップ30に入っている[3]。

　大型の空港や港の整備は、京津冀メガロポリスと世界との交流・交易のネットワークを強化した。さらに高速道路と高速鉄道は、国内の都市連携を緊密にした。大規模なインフラ投資は、同メガロポリスの社会経済発展の基礎を築いた。

空間構造の特色

　京津冀メガロポリスは常住人口規模1,000万人を超えるメガシティを４つも有する。中国都市常住人口規模ランキング第３位の北京、第４位の天津、第７位の保定、第10位の石家荘である。なかでも北京は常住人口2,000万人以上の超メガシティである。唐山、滄州は人口700万人級の都市であり、廊坊、張家口は400万人級、承徳、秦皇島は300万人級の都市である。京津冀メガロポリスの常住人口規模は合計8,947万に達し、全国人口の７％を占めている。

　〈中国都市総合発展指標2016〉によると、京津冀メガロポリスのDID人口は4,379.6万人、全国DID総人口の7.6％にまで達し、巨大規模の都市人口を抱えている。しかしDID人口比率はわずか51.4％であり、珠江デルタメガロポリスより26％ポイントも低く、三大メガロポリスの中で都市化が最も遅れている。

　京津冀地域のDID総面積は4,783.5㎢に達している。本レポートではDIDを用いて同メガロポリスの空間構造を分析し、以下の３つの特徴を明らかにした。

　京津冀メガロポリス空間上の最大の特徴は、10都市の発展水準のギャップが激しいことである。北京と天津のDID人口比率は、各々85.3％と78.7％に達するものの、同じメガシティである石家荘のDID人口比率は一気に52.3％まで下がる。その他７都市のDID人口比率はさらに40％以下であり、最下位の廊坊はわずか17.6％である。

　同メガロポリスの空間上のもう一つの特徴は、「二大三中五小」構造である。「二大」とは北京と天津を指す。首都北京のDID人口は1,703.2万人に達し、その規模と機能は他都市を超越している。

　天津もDID人口が1,035.5万人に達し、地域的な中心都市となっている。

　「三中」とは石家荘、保定、唐山で、DID人口250万以上600万以下の３都市である。「五小」とは、滄州、秦皇島、張家口、承徳、廊坊の５都市で、DID人口が150万以下である。

3　図5-13を参照。

京津冀メガロポリスの空間上の第三の特徴は、"一横一縦"の2本の軸である。「一横」は北京、天津を軸とする地帯、「一縦」は北京から保定、石家荘にまで至る地帯である。二本の軸線は今後、密度を増し都市連担を成すと予測されるものの、いまだ各都市の連なりはまばらである。同メガロポリスの空間構造上、DID面積が合わさる都市連担としての密度には、未だ足りていない[4]。

産業構造の特色

　京津冀メガロポリスの産業集積は分厚く、中国全国に占める第二次産業GDPおよび貨物輸出額はそれぞれ7.5%、5.5%に達し、中国最大級の工業基地の一つとなっている。

　北京を中心とする京津冀メガロポリスには、中国で本社中枢機能が最も集中し、金融、技術イノベーション、文化・スポーツ・娯楽、医療・衛生、コンベンション等においても一級のセンター機能を有している。

　〈中国都市総合発展指標2016〉で用いる「輻射力」の概念で京津冀メガロポリス10都市を分析すると、卸売・小売の輻射力で北京は全国第2位、天津は第13位である[5]。

　北京は中国地級市以上295都市の中で、科学技術輻射力ランキング第1位、天津は同ランキング第8位である。京津冀メガロポリスが全国R&D人員数と全国特許取得数に占める割合はそれぞれ12.3%と11.1%に達し、全国最大規模の研究開発センターの1つとなっている[6]。

　北京は中国地級市以上295都市中、高等教育輻射力が堂々第1位で、北京大学、清華大学をはじめとするトップ校が集まっている。天津は同輻射力で第9位にランクインしている。京津冀メガロポリスの全国大学生数に占める割合は8.1%に達し、中国における重要な高等教育センターとなっている[7]。

　北京は中国地級市以上295都市中、文化・スポーツ・娯楽輻射力第1位で、他都市に抜きん出ている。天津、石家荘、秦皇島は、各々同輻射力ランキングで第22位、第24位、第30位につけ、文化・スポーツ・娯楽の地域的な中心地となっている[8]。

　北京は中国地級市以上295都市中、医療輻射力第1位で、最先端医療機関が多数集まる全国的な医療センターとして、毎年全国各地から大勢の患者を受け入れている。天津、石家荘は同ランキングで第11位と第26位であり、医療の地域的なセンターとなっている[9]。

4　図5-34を参照。

5　図4-11を参照。

6　図4-15を参照。

7　図4-14を参照。

8　図4-13を参照。

9　図4-12を参照。

北京は中国地級市以上295都市中、金融輻射力第２位で、中国では金融関連の本社機能が最も集約している。天津の同輻射力ランキングは第19位である[10]。

　北京、天津は中国地級市以上295都市中、海外旅行客ランキングで第４位と第６位である。全国海外旅行客において京津冀メガロポリスが占める割合は7.4％に達する[11]。北京、天津は国内旅行客ランキングでは第３位と第６位で、全国国内旅行客数において京津冀メガロポリスが占める割合は7.9％に達する[12]。

　北京は政治、科学技術、文化芸術の都、国際交流の中心であり、しかも全国一のコンベンションセンターであり、同時に全国最大規模の歴史遺産を持つ。交流経済と観光経済の発展が京津冀地区の大きなポテンシャルとなっている。

　北京は中国の政治、文化、科学技術、そして国際交流の中心として、交流経済発展のポテンシャルが極めて高く、京津冀メガロポリスの発展をリードしている。天津は同地域の海の玄関であり、また中国北方地域の工業の重鎮として、科学技術、文化、教育、医療などの方面でも相当の輻射力を持つ。石家荘、唐山、保定は工業の比重が高い産業都市である。省都としての石家荘は、一定の水準の地域センター機能を持つ。同メガロポリスでは北京、天津両市以外の他都市の文化、教育やサービス業は比較的遅れをとっている。

京津冀メガロポリスの評価分析

　京津冀地域は深刻な渇水状況に陥っている。国連の水資源の基準では、京津冀メガロポリス10都市中８都市が、極度の渇水都市に属している[13]。長期にわたる渇水状態は同メガロポリスの発展を制約し、地下水の過剰な汲み上げ問題も深刻化している。同地域の環境汚染問題も際立ち、全国地級市以上295都市におけるPM$_{2.5}$汚染都市トップ30に、京津冀メガロポリスは５都市も含まれている[14]。

　〈中国都市総合発展指標2016〉で同メガロポリス内10都市の環境大項目の偏差値を分析すると、北京が第１位である。第２グループの天津、秦皇島、石家荘は、それぞれ第２位、第３位、第４位である。第３グループは滄州、廊坊、唐山、承徳、張家口である。保定の評価は最も低く最下位である[15]。

　同〈指標〉経済大項目全国ランキングにおいて、北京は第２位、天津は第５位であり、二大

10　図4-16を参照。
11　図4-10を参照。
12　図4-9を参照。
13　図4-7を参照。
14　図4-6を参照。
15　図5-31を参照。

直轄市の経済力が端的に示されている[16]。

　さらに同〈指標〉で京津冀メガロポリス内10都市の経済大項目の偏差値を分析すると、北京は言うまでもなく第1位である。天津は第2位であるが、北京とは大きな差がある。その他の都市と北京、天津両大都市との差は、段違いに大きい[17]。

　〈中国都市総合発展指標2016〉の社会大項目の全国ランキングでは、首都北京の優位性が明らかである。天津は同ランキング第3位であり、両直轄市は社会分野で秀でている[18]。

　同〈指標〉で京津冀メガロポリス内10都市の社会大項目の偏差値を分析すると、北京は他の都市を引き離してトップ、天津は第2位につけたものの北京に大きく引き離されている。その他の都市は、両大都市との間に著しい格差がある[19]。

　〈中国都市総合発展指標2016〉全国総合ランキング中、北京は首都にふさわしい栄冠を手にし、天津も第5位にランクインしている[20]。

　同〈指標〉でメガロポリス内10都市の総合指標を分析すると、北京の総合的優勢は明らかであり、第2位の天津との間には大差がある。石家荘、秦皇島、滄州、唐山、廊坊、承徳は、それぞれ第3位、第4位、第5位、第6位、第7位、第8位である。保定の環境問題は深刻で、同地域内総合ランキングでワースト2位、張家口は同最下位だった[21]。

　総じて、首都北京は、社会、文化、科学技術、本社機能などの分野において、他の都市とは比較にならないパワーを持つ。直轄市の天津もこれらの分野で秀でている。経済の領域では両大都市が強力であるが、構造的に天津、石家荘、唐山、保定などの都市は工業の比重が大きく、環境を犠牲にして工業化を進めた結果、生態環境に大きな圧力がかかっている。深刻な水資源不足は同地域の環境問題にさらに拍車をかけている。

次なる挑戦

　〈中国都市総合発展指標2016〉によると、京津冀メガロポリスのDID人口比率は珠江デルタメガロポリスに比べて26%ポイントも低く、4,568万人が非DID地区に生活し、都市化への道程はいまだ途上にある。

　一方、DID人口密度は9,156人/㎢に達し、日本の太平洋メガロポリスの同密度に比べ1,163人/㎢も高い。都市マネージメントとインフラ整備の水準を鑑みると、同地域の局部過密現象

16　図 2-8 を参照。

17　図 5-33 を参照。

18　図 2-6 を参照。

19　図 5-32 を参照。

20　図 2-2 を参照。

21　図 5-34 を参照。

は深刻である。

　さらに京津冀メガロポリスでは、工場誘地のため数多くの開発区や工業園区が設置され、低密度開発が広がっている。他方、鎮や村単位で開発を進めてきた結果、大量のDIDが中心市街地の外に分散して点在している状況となっている。

　河北地域の農村部ではいまだ大量の人口を抱えている。同時に、石家荘、保定、唐山を始めとする同省の都市の産業構造や都市基盤の遅れはかなり深刻である。深刻な大気汚染を吐き出すとともにサービス業を中心とした都市経済がなかなか育たないのが現状である。京津冀メガロポリスの将来は都市化にかかっている。今後サービス経済の発展に注力し、都市生活の質や経済活動効率を上げ、密度の高い都市社会を構築していかなければならない。

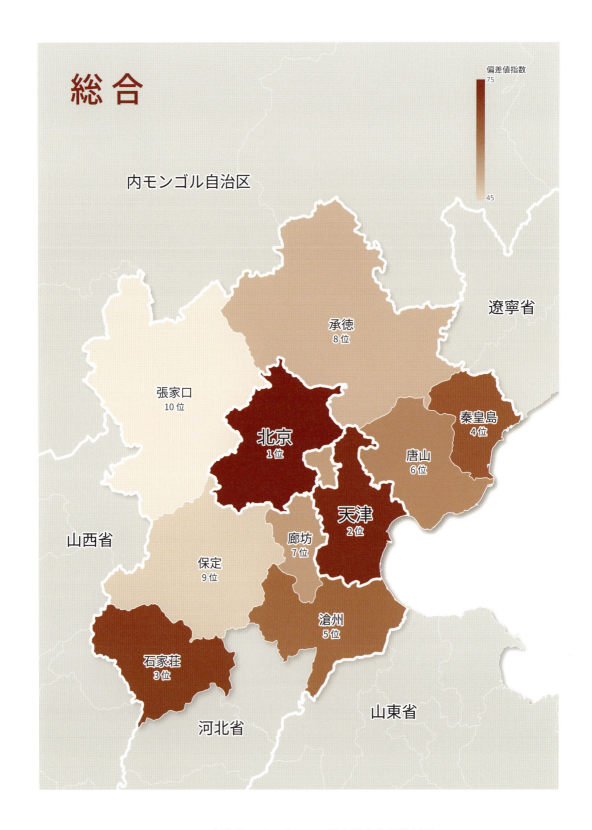

図5-30　京津冀メガロポリス10都市総合指標分析図

注：上記は、京津冀メガロポリス10都市の偏差値の順位である。以下、図5-33まで同。

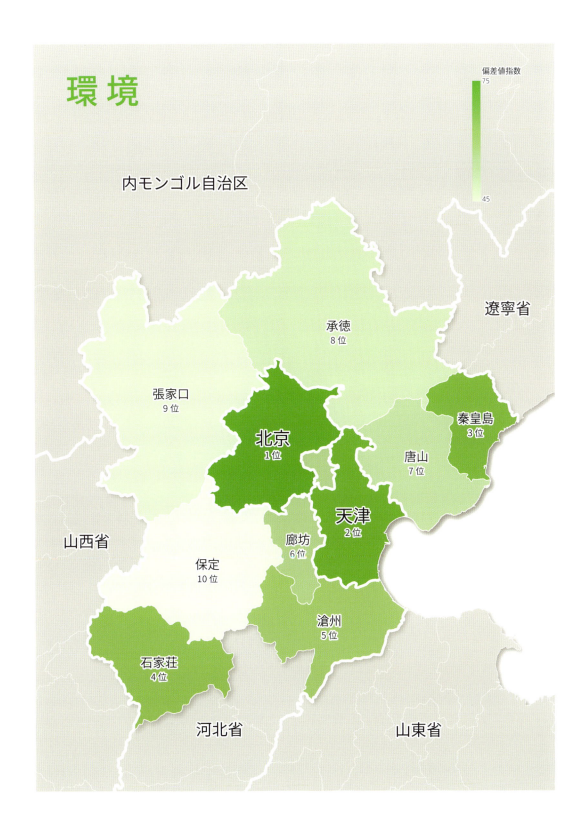

図5-31　京津冀メガロポリス10都市環境大項目分析図

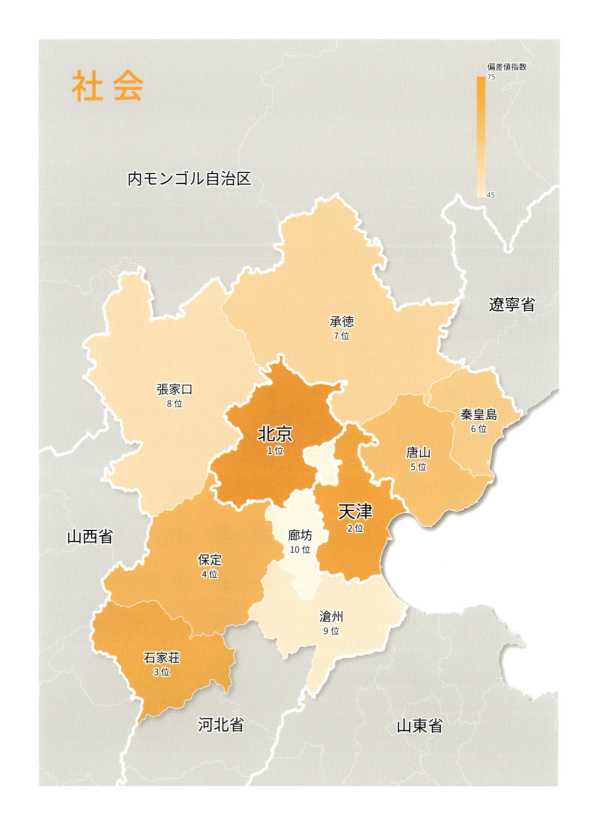

図5-32　京津冀メガロポリス10都市社会大項目分析図

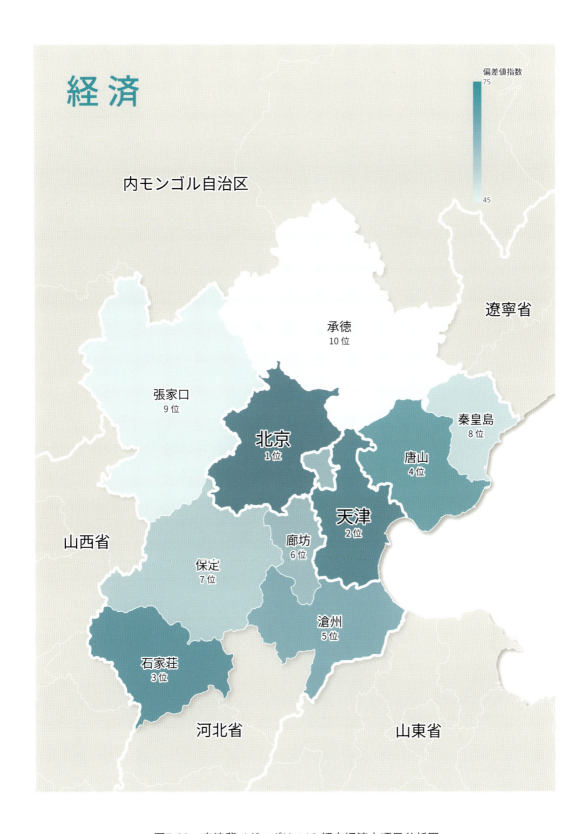

図5-33　京津冀メガロポリス10都市経済大項目分析図

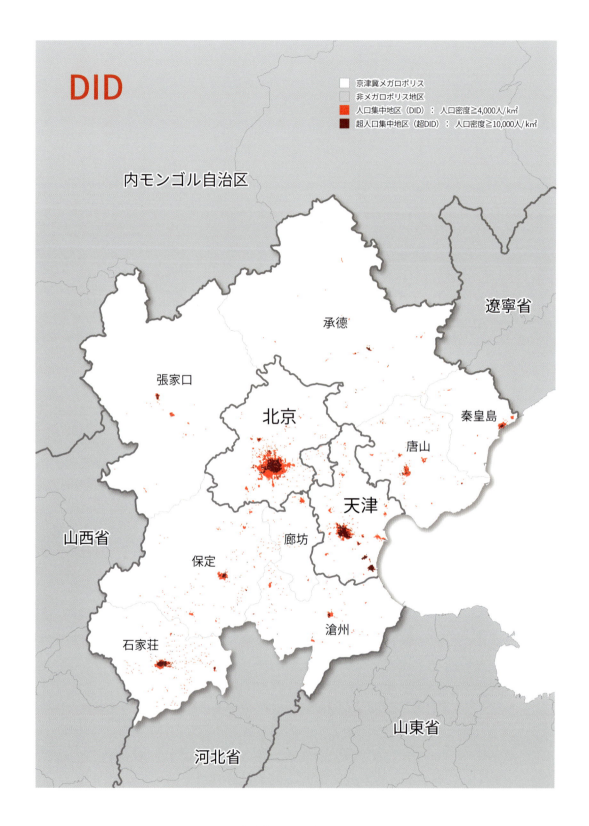

図5-34 京津冀メガロポリス DID 分析図

出典：雲河都市研究院衛星リモートセンシング分析より作成。

5. 成渝メガロポリス

　成渝（成都と重慶）メガロポリスにまたがる四川省と重慶市は、長江上流に位置している。東は湖南・湖北両省に隣接し、南は雲貴高原が連なり、西は青蔵高原に通じ、北は陝西、甘粛両省に接する。東西南北が交わる戦略的要所である。同メガロポリスをリードする重慶と成都両都市は、内陸部農業人口集中地区で発展した典型的な「内陸型」メガシティである。本レポートでは中国国家発展改革委員会の定義に従い、重慶（渝中、万州、黔江、涪陵、大渡口、江北、沙坪壩、九竜坡、南岸、北碚、綦江、大足、渝北、巴南、長寿、江津、合川、永川、南川、潼南、銅梁、栄昌、璧山、梁平、豊都、墊江、忠県、開県と雲陽の一部地域）、四川省の成都、雅安（天全、宝興を除く）、綿陽（北川、平武を除く）、資陽、楽山、瀘州、南充、徳陽、宜賓、広安、遂寧、達州（万源を除く）、自貢、眉山、内江の16都市を成渝メガロポリスと定め、分析を行う。

重慶・成都

　成渝メガロポリスは全国におけるGDP規模と常住人口規模で各々6％と7.7%の割合を占めている。同メガロポリスの発展を牽引するのは重慶と成都両メガシティである。

（1）重慶

　重慶は長江上流に位置し、長江の重要港として、歴史的に中国西南地域の政治経済および軍事拠点だった。

　近現代において、重慶は「重慶開港」、「戦時首都」、「三線建設」[1]の３度の転換点を経験した。

　1890年、中国とイギリスは「煙台条約」を締結し、重慶を開港し、税関を設置した。以来、各国は重慶に領事館を設置しただけでなく租界を開き、商社や工場などを開設した。これをきっかけに、民族資本も台頭した。中国西部では重慶が最も早く工業都市となった。

　1937年、中華民国政府は「国民政府移駐重慶宣言」を発布し、重慶を戦時首都と定めた。日中戦争時に中国の政治と軍事の中心地として、重慶には大量の人員と産業が移転した。これによって、重慶は一躍世界的な知名度を得た。戦時移民ブームによる外来要素と地元地域文化が合わさり、重慶は多様性に富んだ都市文化を築いた。

1　三線建設とは1960年代当時、中国が米ソ両スーパーパワーと対峙する中で毛沢東が提唱した大戦略である。国土を戦場となる可能性の高い第一線地域、兵站を担う後方となる第三線地域、さらに両地域の間の第二線地域とに分けて、第一線地域の東部沿海地域から内陸奥地の第三線地域へ工業生産力を移転させるものであった。第三線地域の範囲は、四川省（現在の重慶市を含む）、貴州省、雲南省、甘粛省、そして河南、河北、湖南３省の西部から成り、その面積は中国国土の約４分の１に相当する236万㎢であった。

第５章　メインレポート｜メガロポリス発展戦略　203

新中国成立後、特に1964年の「三線建設」戦略実施によって、三線の中核都市としての重慶は、沿海部から鉱工業企業、研究開発機関の人員を再び大量に受け入れ、内陸地域の重要な工業基地となった。

改革開放以後、とりわけ1997年の直轄市昇格以来、重慶は急速に発展し、西南地域の社会経済発展のペースメーカーとなっていった。特筆すべきは、近年、フォックスコン、ASUS、ヒューレット・パッカードなどの国内外の有名企業が集まり、電子産業の一大集積地となったことである。

西南地域の牽引役として、重慶は商業貿易、金融、文化、科学技術、教育、医療などの分野で強大な輻射力を持ち、重要なセンター機能を発揮している。

（2）成都

四川省の省都として成都は、成都平原の中心に位置し、物産が豊富で、古来より「天府之国」の誉れ高く、常に中国西南地域の政治・経済・軍事の中心であった。

1877年、四川総督の丁宝楨は成都に四川機械局を創設し、洋務運動期に近代民族工業と軍事工業の原型を、四川に形作った。

新中国成立後の鉄道建設は、閉ざされていた四川盆地の大扉をこじ開けた。成渝（成都−重慶）鉄道が1952年に竣工・開通し、宝成（宝鶏−成都）鉄道が1956年に甘粛省へつながり、さらに成昆（成都−昆明）鉄道が1970年に開通した。これらの鉄道の開通によって、中心都市としての成都は新しい時代を迎えた。

三線建設は成都にも大きな影響を与えた。西南地域の三線建設指令部が設置された成都は、全国各地から鉱工業企業および研究開発機関の人員を大量に受け入れ、工業力や研究開発力が一挙に増した。三線建設によって成都は一大産業都市となった。

改革開放以降、成都は急速に発展を遂げ、市街地面積は建国初期の18 ㎢から400 ㎢超へと膨らみ、230万人以上もの非戸籍常住人口を受け入れ、成渝メガロポリスの中で唯一の人口純流入都市となった。

中国中西地域において、成都は外国領事館数第1位の都市であるばかりでなく、外資銀行、外資保険機構数、世界トップ500企業の進出数で第1位の都市である。成都はまさしく中国内陸地域に世界との交流プラットフォームを提供している。

成都では近年、IT産業分野の発展が凄まじく、Cisco、GM、シーメンス、フィリップス、ウィストロン、フォックスコン、デル、レノボなど国内外の企業が進出し、巨大な産業集積を形成した。

西南地域の中心都市として、成都は商業貿易、金融、文化、科学技術、教育、医療などの分野で強大な輻射力を持ち、重要なセンター機能を発揮している。

大規模人口流出

　成渝地域はもともと人口密度が高く、都市化水準は低かった、成都と重慶両中心都市の人口吸収能力に限りがあるため、人口が外部へ大量に流出している。

　〈中国都市総合発展指標2016〉によると、成渝メガロポリス16都市の中で、成都だけが230万人もの非戸籍常住人口を受け入れている。他の都市は人口が流出し、重慶の人口流出規模は383.8万人にも達している。同メガロポリスの流出人口の合計は1,268.9万人であり、中国で最も人口が流出している地域の１つである[2]。

インフラ整備

　内陸部にある成渝メガロポリスは臨海の優位性を持たず、大量の物資輸送は長江航路や道路、鉄道に頼り、時間と費用がかかる。そのため物流コストが同地域の発展を制約する最大の要因となっている。長江航路を持つ重慶は、この地域の一大物流拠点となっている[3]。

　成渝メガロポリスの航空輸送について、〈中国都市総合発展指標2016〉によると、成都と重慶は全国地級市以上295都市の空港利便性ランキングでそれぞれ第５位と第16位である。今日、この地域には重慶江北国際空港、成都双流国際空港、瀘州藍田空港、綿陽南郊空港、南充高坪空港、宜賓莱壩空港、達州河市空港の７空港がある。同メガロポリスの空港旅客乗降数や航空貨物取扱量は全国で各々8.8％と6.3％に達し、中国内陸部において航空輸送が最も発達している地域となっている[4]。

　1995年に重慶と成都の両都市を結ぶ成渝高速道路が開通した。20年後の2015年に開通した成渝高速鉄道は、両都市間の時間距離と経済距離をさらに圧縮した。

　空港、高速道路、高速鉄道などの交通インフラへの大規模投資は、成渝メガロポリスの外部との交通条件を大幅に改善しただけでなく、メガロポリス内部もより緊密化した。

空間構造の特色

　重慶、成都は、常住人口がそれぞれ2,991.4万人、1,442.8万人のメガシティである。次いで633.4万人の南充、553万人の達州が続く。綿陽、宜賓、瀘州の３都市の人口規模は400万人クラス、内江、資陽、徳陽、遂寧、楽山、広安6都市の人口規模は300万人クラス、眉山と自貢

2　図 4-17、図 4-18 を参照。

3　図 5-12 を参照。

4　図 5-13 を参照。

両都市の人口規模は200万人クラスである。人口規模が最小の雅安は154.4万人である。

　成渝メガロポリスではすでに総面積3,770.2㎢の人口集中地区を形成している。本レポートではDIDを用いて同メガロポリスの空間構造を分析し、以下の３つの特徴を見出した。

　成渝メガロポリスの空間上の第一の特徴は、その人口規模の大きさに対して都市化率が低いことである。同メガロポリスは9,749.9万人の常住人口に対し、そのDID人口規模は3,354.5万人、DID人口比率はわずか34.7%であり、珠江デルタメガロポリスより42.7%ポイントも低い。

　同メガロポリスの空間上の第二の特徴は"二大"構造である。二大とは重慶、成都のDID面積が各々966.8㎢、914㎢に達し、その他の都市のDID面積が格段に小さく、かつ比較的分散していることである。

　DID人口規模から見ると、重慶、成都は1,064.7万人と951.2万人に達している。これに対して南充、達州、徳陽、自貢、綿陽、遂寧の６都市のDID人口規模は100万人以上200万人以下である。他の８都市のDID人口規模は100万人以下で、人口規模が最も少ない眉山は32.7万人である。

　成渝メガロポリスの空間構造上の第三の特徴は、重慶と成都の両中心都市がすでに高速道路や高速鉄道で結びついているものの、沿線にはまだ都市連担が形成されていない点にある[5]。

　「二大」の空間構造は、経済指標でも確認でき、成渝メガロポリスにおける重慶と成都両都市のGDP、貨物輸出額、第三次産業GDPの合計は、それぞれ60%、89%、67％に達している。

産業構造の特色

　成渝メガロポリスはすでに一定の工業集積を形成しており、特に近年IT産業が急速に発展し、重慶と成都に巨大規模のIT産業集積が出来上がっている。同メガロポリスが全国第二次産業GDP、貨物輸出額に占める割合はそれぞれ6.3%、3.4%に達している。

　〈中国都市総合発展指標2016〉の輻射力の概念を利用し、成渝メガロポリス16都市を分析すると、卸売・小売の分野で重慶と成都の輻射力は突出し、全国地級市以上295都市中それぞれ第９位と第10位である[6]。

　成都は全国地級市以上295都市中、科学技術輻射力ランキング第６位、重慶は同第30位である。成渝メガロポリスが全国R&D人員数と特許取得数に占める割合はそれぞれ5.4%と4.9%で、中国内陸地域の重要な科学技術センターの一つとなっている[7]。

　全国地級市以上295都市中、成都、重慶は高等教育輻射力ランキングで各々第８位と第11位

5　図 5-39 を参照。

6　図 4-11 を参照。

7　図 4-15 を参照。

である。成渝メガロポリスの全国大学生数に占める割合は9.9%に達し、中国の重要な高等教育センターの一つとなっている[8]。

全国地級市以上295都市中、成都は金融輻射力ランキングで第23位である[9]。

成都、重慶は全国地級市以上295都市中、医療輻射力ランキングで各々第5位と第7位であり、重要な地域医療センターとなっている[10]。

文化・スポーツ・娯楽の分野で、成渝メガロポリスは比較的立ち遅れ、全国輻射力ランキングのトップ30にはどの都市もランクインしていない[11]。

重慶、成都は全国地級市以上295都市中、海外旅行客ランキングでそれぞれ第9位と第14位であり、全国海外旅行客の中で、同メガロポリスが占める割合は4.2%である[12]。それに対して全国国内旅行客数ランキングでは重慶、成都はそれぞれ第1位と第5位であり、同メガロポリスが占める全国国内旅行客数は9.7%の高いシェアに達している[13]。豊かな自然と悠久の歴史文化を持つ同メガロポリスは、観光経済と交流経済において高いポテンシャルを有している。

総じて、重慶、成都の両都市はほとんどの分野で周辺へ強力な輻射力を持ち、その他の都市との格差は大きい。

成渝メガロポリスの評価分析

環境大項目全国ランキングの中で、成渝メガロポリスの都市はトップ20にいずれもランクインしていない[14]。

同〈指標〉で成渝メガロポリス内16都市の環境大項目を分析すると、重慶は首位で、成都が第2位、雅安が第3位である。資陽、楽山の偏差値は近接し、第4位と第5位である[15]。

〈中国都市総合発展指標2016〉の社会大項目における全国ランキングトップ20で、重慶、成都はそれぞれ第6位と第10位である[16]。

同〈指標〉で成渝メガロポリス内16都市の社会大項目を分析すると、重慶、成都両市の偏差

8　図4-14を参照。

9　図4-16を参照。

10　図4-12を参照。

11　図4-13を参照。

12　図4-10を参照。

13　図4-9を参照。

14　図2-4を参照。

15　図5-36を参照。

16　図2-6を参照。

値は高く、他の都市との格差は大きい[17]。

〈中国都市総合発展指標2016〉の経済大項目における全国ランキングトップ20で、重慶、成都はそれぞれ第8位と第10位である[18]。

同〈指標〉で成渝メガロポリス内16都市の経済大項目を分析すると、重慶、成都両市の偏差値は高く、他都市とは大きな格差がある[19]。

〈中国都市総合発展指標2016〉の全国総合ランキングで、重慶、成都はそれぞれ第8位と第11位であり、成渝メガロポリスの二大中心都市の実力が浮き彫りになる[20]。

同〈指標〉で成渝メガロポリス内16都市の総合指標を分析すると、重慶、成都両市の偏差値は他の都市を引き離している[21]。

次なる挑戦

〈中国都市総合発展指標2016〉によると、成渝メガロポリスはDID人口比率がわずか34.7%で、珠江デルタメガロポリスより42.7%ポイントも低い。同地域にはまだ6,395万人が非DID地区に生活している。いかにして都市化水準を大幅に向上させるかが、同メガロポリスの大きな課題である。

また、成渝メガロポリスはDID人口密度が8,897人/km²であるが、日本の太平洋メガロポリスの同密度と比べると904人/km²も高い。高密度の人口集積と低い都市マネージメント能力という矛盾の解消が、同メガロポリスの空間構造上の第二の課題である。開発区や鎮、村単位で進めてきた乱開発がスプロール化をもたらしたと同時に、多くの人口集中地区を都市中心部から離れた場所に点在させている。

最も大きな問題は、人口の域外への流出である。重慶を始めとする成渝メガロポリスエリアからの大規模人口流出である。都市基盤や生活品質の向上、そして地域の特性にあった産業を育成することで、都市の魅力を高め、人口流出をとどめることが肝要となるだろう。

17　図 5-37 を参照。
18　図 2-8 を参照。
19　図 5-38 を参照。
20　図 2-2 を参照。
21　図 5-35 を参照。

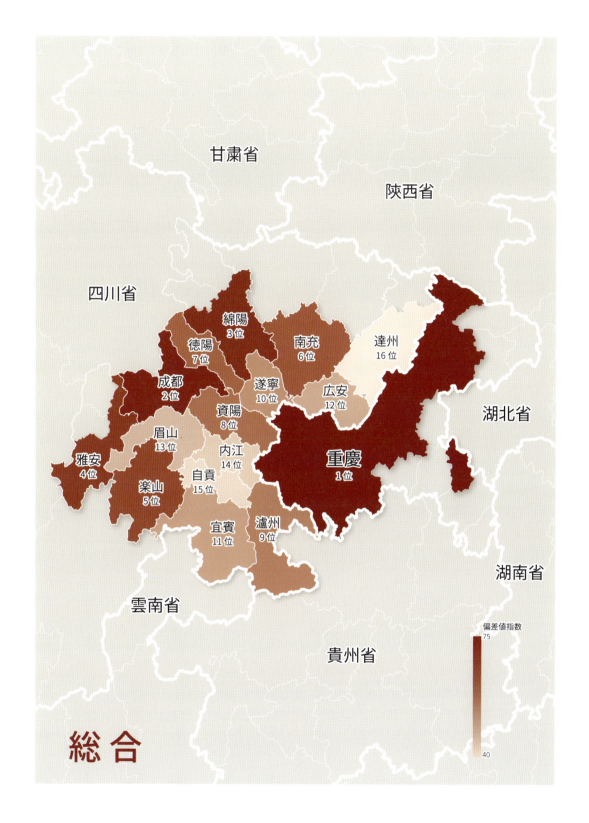

図5-35　成渝メガロポリス16都市総合指標分析図

注：上記は、成渝メガロポリス16都市の偏差値の順位である。以下、図5-38まで同。

第5章　メインレポート｜メガロポリス発展戦略　209

図5-36　成渝メガロポリス16都市 環境大項目分析図

図5-37　成渝メガロポリス16都市社会大項目分析図

第5章　メインレポート｜メガロポリス発展戦略　211

図5-38　成渝メガロポリス16都市経済大項目分析図

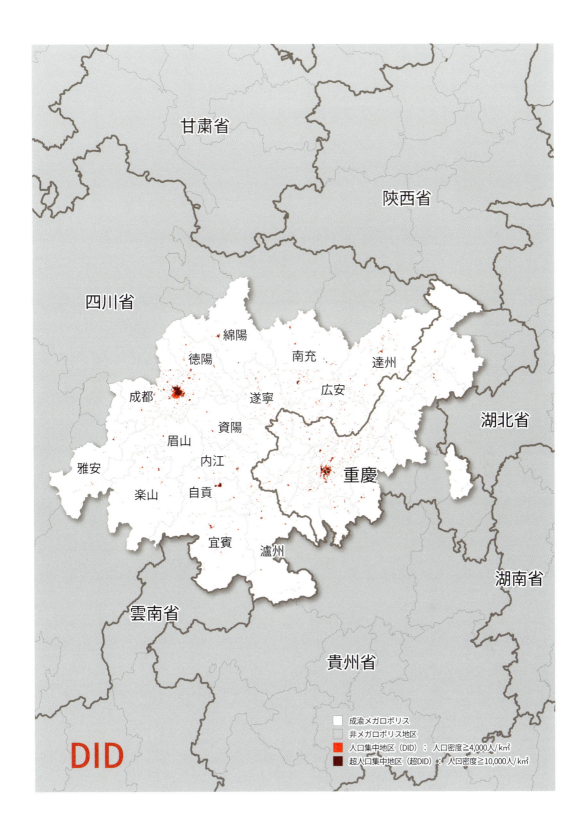

図5-39　成渝メガロポリス DID 分析図

出典：雲河都市研究院衛星リモートセンシング分析より作成。

6 | 専門家レビュー

普遍性ある新たな指標体系

横山禎徳
Yokoyama Yoshinori
東京大学EMP特任教授
元マッキンゼー東京支社長

プロフィール
1942年生まれ。東京大学工学部建築学科卒業、ハーバード大学デザイン大学院修了、マサチューセッツ工科大学経営大学院修了。前川國男建築設計事務所を経て、1975年マッキンゼー・アンド・カンパニーに入社し、同社東京支社長を歴任。経済産業研究所上席研究員、産業再生機構非常勤監査役、一橋大学大学院国際企業戦略研究科客員教授等を歴任し、2014年より現職。

　中国の大都市、とりわけ北京市の大気汚染の状況は近年盛んに報道されている。市内の走行車数の制限など対症療法的、短期的施策は適宜実施され、それなりの効果を上げているようだが、最終的な解決にはならない。排気ガスを減少させるためであろうが、長期的にEVへの転換を強力に推し進める政府方針の発表が最近あったが、それが排気ガスの減少という真の成果を上げるには20〜30年はかかるであろう。

　EV自体は排気ガスを出さないが、充電をしないといけない。電力需要は増大させるが、一方では電力供給のかなりの部分を占める石炭火力発電を減らしていかないといけない。しかしそれを代替する主要手段としての自然エネルギーは供給量が常に変動する課題を抱えている。需要側も変動するので、その間絶え間なく微調整する必要がある。そのため蓄電装置が不可欠だが、それを含めて経済的に妥当な価格で提供できる電力供給システムを構築するには、物事の展開のスピードの速い中国でも今後20年はかかるに違いない。

　システムはある日突然完成するのではなく、その間、状況はちょっとずつ良くしていくものである。しかし、それは直線的な改善ではなく、いろいろ紆余曲折を経ていくことになるであろう。その間、政府も国民も短期的な諸問題の対策のための議論にかまけて長期的に目指す方向を見失わないようにする必要がある。それにはどうしたらいいだろうか。その一つの答えがグリーン都市環境指標を確立することである。

　その指標体系は為政者である政府も生活者である国民も共有でき、毎年、その指標に沿ったデータが公開されることによってその進捗状況を確認できるものであり、また、指標間のバランス、進捗状況など、都市間の比較が可能になり、健全な都市間競争の醸成と、各都市の置かれた歴史、風土、自然環境などの特質に応じた重点施策の立案のための情報源になるはずである。そのような発想と視点をもとに本書〈中国都市総合発展指標〉の指標体系の開発が行われた。

都市環境を評価するための指標は数多く抽出することが可能であり、実際数多く存在し、使われているが、それをすべて取り入れるのではなく、全体のバランスや網羅性を失わないようにしながら、指標全体の数を可能な限り少なくすることを目指した。その結果、全体の指標の数を27個に集約した。それをただ羅列するのではなく、三層構造に組み立てた。すなわち、大項目指標3、中項目指標3、小項目指標3の3×3×3で27になる。一般の生活者が大項目指標の三つを記憶することは可能なはずだ。もっと関心のある人は3×3＝9、すなわち、中項目指標の九つを記憶すればより一層この指標体系の理解が進むであろう。そして、専門家は27項目のすべてを記憶し、それぞれの改善を追求するという発想である。

　大項目指標は環境、社会、経済の三つから成り立っている。それぞれを三つに分けたのが中項目指標であり、それをまた三つに分け、一層具体的にしたのが小項目指標である。当然のことながら、統計を担当する部署はこれまでそのような視点からデータを取ってきたわけではないので、基本的な三層構造と方向を生かしながら、既存のデータのありようや収集可能性とつきあわせ、大・中・小の指標は修正された。

　基本的な思想として、経済活動の発展と都市生活者の生活基盤の質の向上をバランスさせる視点を重視している。生活者それぞれが自分の住んでいる都市がどのように経済を発展させ、雇用基盤を拡充しながら同時に生活環境を改善していくのだろうか、ということに積極的に関心を持つこと。これが都市行政の担当者にフィードバックされ、結果として都市環境の長期的な方向への持続力を維持することになるはずだ。

　そのためには指標は専門家だけのものではなく、生活者も容易に理解し、記憶でき、自分の住んでいる地域が将来どうなっていくのかに関心の持てるものにするよう留意した。生活者は大項目指標の示す将来展開に常に注目することで、細部は別として大枠の方向は理解できるであろう。より細かい中指標、小指標がどうなっているかについても年ごとの生活実感の変化を追うことで理解できるはずである。

　もう一つ留意した重要な視点を挙げると、都市はそれぞれ独立ではなく、都市間ネットワークが出来上がっていることだ。そのような都市間のお互いの関係は大昔からあった。すなわち、都市と都市は相互

依存の関係にあったのである。たとえば、「シルクロード」という表現を聞くと、我々は中央アジアの広大な砂漠をラクダの隊商を組んで一本道をゆっくり進む姿を思い浮かべがちである。しかし実際は、商人たちはシルクロードの起点から終点まで歩んだのではない。沢山の交易都市がきめ細かい道路網というネットワークを組んでいて、そのような都市と都市をつなぐ形で行き来し、商品を売買し、あるいは受け渡していたのである。

それが、近年の交通機関の発達によって、そのネットワークが一層強化され、メガロポリスと呼ばれるような連携と一体化が進んだのである。そのような文脈の中でそれぞれの都市を捉えることに着目している。それは都市間のインターリンケージ（相互連鎖）である。そのインターリンケージが国境を超えて展開する状況を、グローバリゼーションと我々は呼ぶのである。

たとえば、都心に近い空港である虹橋、金浦、羽田の間をシャトルと呼んでいい頻度の航空便が提供される時代であり、それによって、上海、ソウル、東京の間のインターリンケージは増していく。このような現象のポジティブな展開を醸成することが都市の活力を増すのは間違いない。ちなみに、この三つの都市および周辺に住む人口は1億人を超えており、その多くは豊かな生活者であり、世界でも有数の経済活動の活発な地域である。

このような都市のインターリンケージはすなわち、1）都市圏内の中核と周辺、2）都市圏と都市圏、3）都市圏と世界、の三つの様相に分けることができる。そして、今回の都市指標はこの三つのどれかに関係しているといえる。たとえば、「都市農村共生」、「文化施設」、「生活品質」は1）に、「イノベーション・起業」、「広域輻射力」、「ビジネス環境」は2）に、「開放度」、「人的交流」、「広域インフラ」は3）に関係が深いということができるだろう。

それぞれの大都市の行政官はこのような三つの方向を睨みながら、都市環境を改善していくために重点施策を立案し実施していくことが期待される。そして、それは都市間の競争であると同時に相互にメリットのある連携を確認し、拡大していくことであり、それが世界の都市との連携まで広がっていくという実績を積んでいけば、〈中国都市総合発展指標〉は世界に対して普遍性のある新たな指標体系として、認知されていくことになるであろう。

新型都市化を推し進める「指揮棒」

周其仁

Zhou Qiren
北京大学国家発展研究院教授
経済学博士

過去20年間、中国の都市化は急速に進み、多くの人々が都市へ移住した。大規模なインフラ整備により、都市の物理的なスケールは拡大の一途を辿った。新中国建国以来長い間遅れていた都市化が、ついに加速しはじめた。

都市が都市たる所以は、限られた空間に多様、複雑かつ豊富多彩な経済文化活動が存在することである。このように見ると、都市は密度で定義するべきである。

しかし今まで中国の都市化は、建成区（政府が定める都市的エリア）面積拡張の速度が都市人口増加の速度より速かった。つまり「人口の都市化よりも土地の都市化の方が先んじた」のである。

中国経済の規模は世界第2位であるが、1人当たりになると未だ低い水準に留まっている。同様に中国の都市も、面積は大きいものの、密度は小さい。

一つの原因は、中国の「都市」は広域行政区である。都市の行政エリアには市街地も郊外もさらに広大な農村までも含まれている。その意味では中国の「都市」の概念は海外一般の「都市」概念と同じではない。ゆえに行政の主導のもとで、農村エリアを侵食し、スプロール化しやすい。

「ローマは一日にして成らず」。都市エリアへの急激な拡張は、都市の環境、財政などにおける持続的な発展に大きな問題を突きつけているだけでなく、市民生活の向上や都市文化の育成が追いつかないことが多い。

中国の都市化は転換点にある。単なる都市エリアの拡大というやり方は、もはや持続不可能である。中央政府も地方政府も中国都市化の次のステップがどこに向かうか真剣に考えなければならない。

方向性は、中国経済発展にとって最も重要である。2014年3月16日、中国政府は「国家新型都市化計画（2014-2020年）」を発表した。この計画は中国都市化に、都市化法則の重視、人間本位、配置の最適化、

プロフィール

1950年生まれ。中国社会科学院、中国国務院農村発展中心発展研究所での勤務を経て、英国及び米国へ留学し、UCLAにて博士学位取得、1995年帰国。北京大学中国経済研究中心教授、同中心主任、北京大学国家発展研究院院長、中国人民銀行貨幣政策委員会委員など歴任。

主な著作

『发展的主题：中国国民经济结构的变革』（1987年、四川人民出版社〔中国〕）、『农村变革与中国发展1978-1989』（1994年、オックスフォード大学出版社〔香港〕）、『中国区域发展差异调查1978-1989』（1994年、オックスフォード大学出版社〔香港〕）、『数网竞争：中国电信业的开放和改革』（2001年、三聯書店〔中国〕）、『产权与制度变迁』（2004年、北京大学出版社〔中国〕）、『挑灯看剑：观察经济大时代』（2006年、北京大学出版社〔中国〕）、『真实世界的经济学』（2006年、北京大学出版社〔中国〕）、『收入是一连串事件』（2006年、北京大学出版社〔中国〕）、

生態文明、文化伝承などを明確に示した。

　戦略的な方向性が示された以上は、実行可能な「指揮棒」が必要である。都市間競争に明確な項目およびゴールを示せば、都市のリーダーらは、行動しやすくなる。こうした観点から、周牧之教授と彼のチームは、中国国家発展改革委員会発展計画司のコミットメントのもとで、徹底的な調査、分析、比較を行い、〈中国都市総合発展指標〉として発表し、中国都市化の方向転換を導く科学的な指標システムを提供した。この指標はまさしく新型都市化を推し進める「指揮棒」である。

　特に私は、「密度」を用いて中国の都市問題をとらえる同指標の斬新な知見に賛同している。

　これまでの都市問題の政策議論では、いつも「大都市を発展させるか？　或いは中小都市を発展させるか？」の問題に翻弄されていた。〈中国都市総合発展指標〉は、大、中、小といったスケールで都市をとらえるだけではなく、その密度も問題にしている。

　現在、中国の都市には多くの低密度都市空間が存在し、深刻なスプロール化が起こっている。したがって、大、中、小いずれの都市であっても、都市づくりにおいて「密度」を軸にすえていかなければならない。

『世事胜棋局』（2007年、北京大学出版社〔中国〕）、『病有所医当问谁：医改系列评论』（2008年、北京大学出版社〔中国〕）、『中国做对了什么』（2010年、北京大学出版社〔中国〕）、『货币的教训』（2012年、北京大学出版社〔中国〕）、『竞争与繁荣』（2013年、中信出版社〔中国〕）、『改革的逻辑』（2013年、中信出版社〔中国〕）、『城乡中国』（上）（2013年、中信出版社〔中国〕）、『城乡中国』（下）（2014年、中信出版社〔中国〕）。

フラットではない中国を リアルに

張仲梁
Zhang Zhongliang
中国国家統計局社会科学技術文化産業司司長
経済学博士

プロフィール
1962年生まれ。中国管理科学研究中心副研究員、日本科学技術政策研究所研究員、CAST経済評価中心執行主任、中国経済景気観測中心主任、国家統計局統計教育中心主任、中国国家統計局財務司司長を歴任、2018年から現職。

中華全国青年連合会委員、PECC金融市場発展中国委員会秘書長、中国経済景気月報雑誌社社長、中国国情国力雑誌社社長など兼務を経て、現在、中国市場信息調査業協会副会長を兼任。

（一）

　2005年に海外から北京に戻った周牧之教授が、私に『The World is Flat』という本をくれた。

　周教授はこの本はアメリカで評判を呼んでおり、「世界は平らになった」という観点が非常に面白いと言う。個人は国家や会社に代わって世界の主人公たりうるようになってきた。能力と想像力さえあれば、世界中のすべての資源にアクセスすることができる。世界は小さくなった。科学技術と通信の領域は電光石火で進歩を遂げ、全世界の人々がかつてないほど相互に接近している。

　次いで、話題を呼んだアメリカの映画があった。一人のアメリカ人がインドへ行き、自分の仕事を将来的に奪うだろうインド人を訓練する葛藤を描いた映画の、その背景はグローバリゼーションである。ますます多くのアメリカ企業が業務を海外へ移転し、インドや中国の安価な労働力を利用した。世界はまさに平らになり、アメリカの高度はゆっくりと下り、インドや中国が高速でのし上がった。

　この映画の名前も「The World is flat」だ。

（二）

　その後10年が過ぎた。

　世界の構造は大きく変化した。

　なかでも中国の勃興は最も目を見張るものであった。

　中国のGDPは2006年の2.75兆ドルから2016年に11.2兆ドルへと増長し、その経済規模も世界第2位へと躍進して久しい。

　近年、ニューヨーク、パリ、東京の観光スポットやブランドショップで、最も頻繁に目にするのが中国人観光客の一群である。2015年に中国人の海外旅行客は1.35億人にのぼり世界第1位となった。

（三）

　10年前、BRICs 4カ国は、投資家を大いに興奮させた。しかし現在、ブラジルとロシアは経済停滞の中で喘ぎ、新興国の栄光も色あせた。

　過去10年間で、一つまた一つと「失敗」国家が現れた。これらの国は経済停滞に見舞われただけでなく、社会不穏にも悩まされている。

　アメリカのメディアによる「最も失敗した30カ国」リストがある。これを見た後の感想はといえば、「確かにこの30カ国は失敗した。しかしもっと失敗した国がこれ以外にまだある」。

　実際、過去10年間で、中国など数少ない国がグローバリゼーションの中で大きな収益を上げることができた。一方で相当数の国が大変な代償を払った。世界は平らになったのではなく、凸凹はむしろさらに進んだ。

（四）

　周教授は「過去の10年間、日本では東京大都市圏だけが166.4万人も人口が増えた。これに対して他の数都市は微増で、ほとんどの都市が人口減少状態にある」と紹介した。

　「過去の10年で人類の経済活動はさらに大都市に集中した。こうした大都市は世界で最も優秀な人材、経済資源、最有力企業を集められる」と、周教授は強調した。

（五）

　周教授は、中国の凸凹も進んだと述べている。

　周教授と彼のチームが作り上げた〈中国都市総合発展指標〉はこれをリアルに表現している。

　同〈指標〉では、偏差値を用いて都市の各方面のパフォーマンスを表現している。

　たとえば「医療輻射力」項目では、偏差値が60以上の都市は、22都市であり、なかでも北京、上海の偏差値は100にも達している。これに対して、偏差値が45以下の都市は27都市もある。これは激しい凸凹である。

　「人口流動」項目では、偏差値60以上の都市、つまり外部から人口が大量に流入した都市は16都市ある。なかでも3都市が偏差値100に達している。これに対して偏差値が45以下の都市、すなわち人口が大量

222

に流出した都市は46都市もある。これもまた不均衡である。

　同指標を立体的に表現するグラフは数多くある。こうした立体図の中には、目を見張るような山峰があり、一方で深く沈む峡谷もあった。しかも山峰はさらに輝きを増し、峡谷は谷底深く落ち込み続けているのだ。こうした状況は決して軽視できない。

（六）
　周教授は、不動産市場は中国都市の凸凹状況をよく映し出していると言う。

　10年前、ほとんどの都市の不動産価格は上がり続けた。もちろん価格上昇幅は、一部の都市は大きく、一部の都市は小さかった。しかし現在、一部の都市の不動産価格が上がり続けるのに対して、一部の都市は停滞もしくは下落している。

　不動産価格の上昇と下落は、都市の浮き沈みを表している。その背景には、さまざまなパフォーマンスの違いがある。都市競争時代にあって、ある都市は邁進し、ある都市は停滞し、ある都市は転落している。

（七）
　『The World is Flat』で、著者フリードマンは幼い頃に両親が常々彼に言っていた言葉を振り返っている。「トーマス、ご飯は残さず食べなさい。忘れないでね、中国人はいま飢えに喘いでいるのよ」。

　〈中国都市総合発展指標〉は、この言葉と同様なことを語っている。

　現在はフラットの時代ではなく、凸凹時代である。

（八）
　凸凹道には、道標が必要である。

　周牧之教授の〈中国都市総合発展指標〉は、斬新な道標を指し示してくれている。

巻末資料

指標項目詳細

1. 環境

表6-1　指標解説：環境

大項目	中項目	小項目	ID	指標	使用データ名	データソース
環境	自然生態	水土賦存	1	1万人当たり利用可能国土面積	利用可能国土面積（km²）、常住人口（万人）	衛星リモートセンシングデータ、中国都市統計年鑑、各都市統計年鑑、各都市国民経済和社会発展公報等
			2	1万人当たり森林面積	森林面積（km²）、常住人口（万人）	衛星リモートセンシングデータ、中国都市統計年鑑、各都市統計年鑑、各都市国民経済和社会発展公報等
			3	1万人当たり耕地面積	耕作面積（km²）、常住人口（万人）	衛星リモートセンシングデータ、中国都市統計年鑑、各都市統計年鑑、各都市国民経済和社会発展公報等
			4	1万人当たり牧草地面積	牧草地面積（km²）、常住人口（万人）	衛星リモートセンシングデータ、中国都市統計年鑑、各都市統計年鑑、各都市国民経済和社会発展公報等
			5	1万人当たり水面面積	水面面積（km²）、常住人口（万人）	衛星リモートセンシングデータ、中国都市統計年鑑、各都市統計年鑑、各都市国民経済和社会発展公報等
			6	1人当たり水資源量	水資源総量（m³）、常住人口（万人）	中国都市統計年鑑、各都市統計年鑑、各都市国民経済和社会発展公報等
			7	国家森林園林都市認定指数	国家森林都市（箇所）、国家園林都市（箇所）	中国人間住居環境賞事務室データ
			8	国家公園指数	国家森林公園（箇所）、国家地質公園（箇所）、国家湿地公園（箇所）	中国国土資源部、中国国家林業局湿地保護管理センターデータ
			9	国家景観区指数	5A景観区（箇所）、4A景観区（箇所）、国家風景名所（箇所）	中国国務院、中国国家観光局データ
			10	国家保護区指数	国家自然保護区（箇所）、国家湿地保護区（箇所）、国家海洋保護区（箇所）	中国政府ポータルサイト、中国環境保護部データ
		気候条件	11	気候快適度	10℃-28℃年日数	中国国家気象局データ、衛星リモートセンシングデータ
			12	降雨量	降水量（mm）	中国都市統計年鑑、各省統計年鑑、各都市統計年鑑、各都市国民経済和社会発展公報等
		自然災害	13	自然災害指数	自然災害（件）	中国民政部データ
			14	地質災害指数	地質災害（件）	中国民政部データ
	環境品質	汚染負荷	15	GDP当たりCO₂排出量	万元GDP CO_2 排出量（トン CO_2 /万元）	中国都市統計年鑑、各省統計年鑑、各都市統計年鑑、各都市国民経済和社会発展公報等
			16	国定、省定断面三類以上水質達成率	水質レベル	中国環境保護部データ
			17	空気質指数（AQI）	AQI平均値	天気ポータルサイト、インターネットビッグデータ
			18	PM2.5指数	PM2.5平均値	天気ポータルサイト、インターネットビッグデータ
		環境努力	19	環境保護投資額財政収入比率	環境保護投資額（万元）、地方財政一般予算収入（万元）	中国都市統計年鑑、各省統計年鑑、各都市統計年鑑、各都市国民経済和社会発展公報等
			20	1万人当たり生態環境社会団体	生態環境社会団体数（団体）、戸籍年末総人口（万人）	中国民政統計年鑑、各省統計年鑑、中国都市統計年鑑、各都市統計年鑑等
			21	国家環境保護都市認定指数	国家環境保護模範都市（都市）、国家節水型都市（都市）、国家生態示範区（箇所）	中国環境保護部、中国人間住居環境賞事務室データ
			22	国家生態環境評価指数	国家生態都市、区、県（箇所）、国家生態郷鎮（箇所）	中国人間住居環境賞事務室データ
		資源効率	23	建成区土地産出率	第二次産業GDP（万元）、第三次産業GDP（万元）、建成区面積（km²）	衛星リモートセンシングデータ、中国都市統計年鑑、各都市統計年鑑、各都市国民経済和社会発展公報等
			24	農林牧草水面土地産出率	第一次産業GDP（万元）、農林牧草水面土地面積（km²）	衛星リモートセンシングデータ、中国都市統計年鑑、各都市統計年鑑、各都市国民経済和社会発展公報等

図6-2　指標解説：環境

大項目	中項目	小項目	ID	指標	使用データ名	データソース
環境	環境品質	資源効率	25	GDP 当たりエネルギー消費量	万元 GDP エネルギー消費量（標準石炭換算 t/ 万元）	衛星リモートセンシングデータ、中国都市統計年鑑、各都市統計年鑑、各都市国民経済和社会発展公報等
			26	環境配慮型建築設計評価認証項目	環境配慮型建築設計評価標記星級項目（項目）	中国住宅和都市農村建設部、緑色建築評価標記網データ
			27	工業固体廃棄物総合利用率	一般工業固体廃棄物総合利用率（%）	中国都市統計年鑑、各都市統計年鑑、各都市国民経済和社会発展公報等
		コンパクトシティ	28	人口集中地区（DID）人口	DID 人口（万人）	衛星リモートセンシングデータ
			29	人口集中地区（DID）面積	DID 面積（km²）	衛星リモートセンシングデータ
			30	人口集中地区（DID）人口比率	DID 人口（万人）、常住人口（万人）	衛星リモートセンシングデータ、中国都市統計年鑑、各都市統計年鑑、各都市国民経済和社会発展公報等
			31	建成区人口集中地区（DID）比率	DID 面積（km²）、建成区面積（km²）	衛星リモートセンシングデータ、中国都市統計年鑑、各都市統計年鑑、各都市国民経済和社会発展公報等
			32	超人口集中地区（超 DID）人口	超 DID 人口（万人）	衛星リモートセンシングデータ、中国都市統計年鑑、各都市統計年鑑、各都市国民経済和社会発展公報等
			33	超人口集中地区（超 DID）面積	超 DID 面積（km²）	衛星リモートセンシングデータ
			34	超人口集中地区（超 DID）人口比率	超 DID 人口（万人）、常住人口（万人）	衛星リモートセンシングデータ、中国都市統計年鑑、各都市統計年鑑、各都市国民経済和社会発展公報等
			35	建成区超人口集中地区（超 DID）比率	超 DID 面積（km²）、建成区面積（km²）	衛星リモートセンシングデータ、中国都市統計年鑑、各都市統計年鑑、各都市国民経済和社会発展公報等
	空間構造	交通ネットワーク	36	平均通勤時間	平均通勤時間（分）	百度調査等
			37	公共交通ネットワーク密度	公共バス年間乗客数（万人）、常住人口 (万人)、建成区面積（km²）	衛星リモートセンシングデータ、中国都市統計年鑑、中国建築統計年鑑、各都市統計年鑑、各都市国民経済和社会発展公報等
			38	都市軌道交通営業距離指数	軌道交通路線走行距離（km）、常住人口（万人）、建成区面積（km²）	衛星リモートセンシングデータ、中国都市統計年鑑、中国建築統計年鑑、各都市統計年鑑、中国軌道交通網、世界軌道交通網データ
			39	自家用車保有量指数	自家用車保有量（万台）、常住人口（万人）、建成区面積（km²）	衛星リモートセンシングデータ、中国都市統計年鑑、中国建築統計年鑑、各都市統計年鑑、各都市国民経済和社会発展公報等
			40	公共バス保有量指数	年末実有公共バス運行車（台）、常住人口 (万人)、建成区面積（km²）	衛星リモートセンシングデータ、中国都市統計年鑑、中国建築統計年鑑、各都市統計年鑑、各都市国民経済和社会発展公報等
			41	タクシー保有量指数	タクシー保有量（台）、常住人口（万人）、建成区面積（km²）	衛星リモートセンシングデータ、中国都市統計年鑑、中国建築統計年鑑、各都市統計年鑑、各都市国民経済和社会発展公報等
			42	ピーク時平均時速	ピーク時平均時速（km/ 時間）	高徳交通分析報告等
		都市インフラ	43	固定資産投資指数	固定資産投資（万元）、常住人口（万人）	中国都市統計年鑑、中国建築統計年鑑、各都市統計年鑑等
			44	1 万人当たり公園緑地面積	公園緑地面積（Ha）、常住人口（万人）	中国都市統計年鑑、中国建築統計年鑑、各都市統計年鑑等
			45	建成区緑化カバー率	建成区緑化カバー率（%）	中国都市統計年鑑、中国建築統計年鑑、各都市統計年鑑等
			46	都市住民 1 人当たり住宅面積指数	都市住民 1 万人当たり住宅建築面積（m²）	中国区域経済統計年鑑、各省統計年鑑、各都市統計年鑑等
			47	農村住民 1 人当たり住宅面積指数	農村住民 1 万人当たり住宅建築面積（m²）	中国区域経済統計年鑑、各省統計年鑑、各都市統計年鑑等
			48	都市ガス普及率	都市ガス普及率（%）	中国都市建設統計年鑑
			49	建成区下水道管密度	建成区下水道管距離（km）、建成区面積（km²）	中国都市建設統計年鑑

2. 社会

表6-3　指標解説：社会

大項目	中項目	小項目	ID	指標	使用データ名	データソース
社会	生活品質	居住環境	50	平均寿命	平均寿命（歳）	中国人口和就業統計年鑑
			51	住宅価格収入比率	住宅価格（元）、賃金収入（元）	全国不動産市場センターデータ、中国都市統計年鑑 各都市統計年鑑、各都市統計年鑑
			52	収入指数	賃金収入（元）、世帯収入（元）	インターネットデータ
			53	住みやすい都市認定指数	中国人間住居環境賞都市（都市）、 国連ハビタット・スクロール名誉賞都市（都市）	中国人間住居環境賞事務室データ
		消費水準	54	1万人当たり社会消費品小売額	社会消費品小売額（万元）、 常住人口（万人）	中国都市統計年鑑、各都市統計年鑑、 各都市国民経済和社会発展公報等
			55	1万人当たり飲食業営業収入額	飲食業営業収入（万元）、常住人口（万人）	中国都市統計年鑑、各省統計年鑑、 各都市統計年鑑、各都市国民経済和社会発展公報等
			56	1万人当たり通信消費額	通信業務収入（万元）、常住人口（万人）	中国都市統計年鑑、各都市統計年鑑、 各都市国民経済和社会発展公報等
		生活サービス	57	1万人当たり在園児童数	在園児童（人）、常住人口（万人）	中国区域経済統計年鑑、各都市統計年鑑、 各都市国民経済和社会発展公報等
			58	1万人当たり高齢者福祉施設 ベッド数	高齢者福祉施設ベッド（床）、 戸籍年末総人口（万人）	中国民政統計年鑑、中国都市統計年鑑等
			59	1万人当たり医師数	医師数（人）、常住人口（万人）	中国区域経済統計年鑑、各都市統計年鑑、 各都市国民経済和社会発展公報等
			60	1万人当たり病院ベッド数	病院ベッド（床）、常住人口（万人）	中国区域経済統計年鑑、各都市統計年鑑、 各都市国民経済和社会発展公報等
			61	三甲病院（最高等級病院）	三甲病院（軒）	インターネットデータ
	伝承・交流	歴史遺産	62	歴史文化名城	歴史文化名城（箇所）	中国国家文物局データ
			63	世界遺産	世界遺産（箇所）	中国世界遺産データ
			64	無形文化財	無形文化財数（個）	中国国家文物局データ
			65	重要文化財	重要文化財数（個）	中国国家文物局データ
		文化施設	66	博物館・美術館	博物館（館）、美術館（館）	中国国家文物局データ
			67	劇場・映画館	劇場（軒）、映画館（軒）	インターネットデータ
			68	スタジアム	スタジアム（箇所）	インターネットデータ
			69	動物園・植物園・水族館	動物園（園）、植物園（園）、水族館（館）	インターネットデータ

図6-4　指標解説：社会

大項目	中項目	小項目	ID	指標	使用データ名	データソース
社会	伝承・交流	施文設化	70	公共図書館蔵書量	公共図書館蔵書量（千冊）	中国都市統計年鑑
		人的交流	71	海外旅行客	海外旅行客数（人）	中国区域経済統計年鑑、各都市統計年鑑、各都市国民経済和社会発展公報等
			72	国内旅行客	国内旅行客数（万人）	中国区域経済統計年鑑、各都市統計年鑑、各都市国民経済和社会発展公報等
			73	国際会議	国際会議（回）	国際会議市場年度報告
			74	展示会業発展指数	展覧業発展指数	中国展覧データ統計報告
			75	観光都市認定指数	中国優秀旅行都市（箇所）	中国国家観光局データ
	社会ガバナンス	人口資質	76	教育構造指数	小学、中学、高校、大学卒業者数（人）、戸籍年末総人口（万人）	中国人口和就業統計年鑑、中国都市統計年鑑等
			77	従業員の大学卒業者比率	大卒以上就業者比率（%）	中国人口和就業統計年鑑
			78	1万人当たり大学生数	大学生数（人）、常住人口（万人）	中国都市統計年鑑、各都市統計年鑑、各都市国民経済和社会発展公報等
			79	1万人当たり専門学校学生数	専門学校学生数（人）、常住人口（万人）	中国都市統計年鑑、各都市統計年鑑、各都市国民経済和社会発展公報等
			80	1万人当たりボランティア数	ボランティア数（人）、年末総人口（万人）	中国都市統計年鑑、各都市統計年鑑、各都市国民経済和社会発展公報等
		社会秩序	81	治安都市認定指数	全国社会治安総合統治優秀都市（都市）、長安杯都市（都市）	共産党中央社会治安総合治理委員会、共産党中央委員会組織部、人力資源和社会保障部データ
			82	交通安全指数	交通事故死亡人数（人）、交通事故損失額（万元）、常住人口（万人）	中国都市統計年鑑、各都市統計年鑑、各都市国民経済和社会発展公報、インターネットデータ
			83	社会安全指数	火災事故死亡人数（人）、火災事故損失額（万元）、常住人口（万人）	中国消防統計年鑑、中国都市統計年鑑、各省統計年鑑、インターネットデータ
		社会マネジメント	84	都市階層	直轄市、省会、計画単列市、地級市	中国国家統計局データ
			85	1万人当たり社会団体	社会団体（団体）、戸籍年末総人口（万人）	中国民政統計年鑑、各都市統計年鑑、各都市国民経済和社会発展公報等
			86	文明衛生都市認定指数	全国文明都市（都市）、全国衛生都市（都市）	全国愛国衛生運動委員会事務所、中国文明網データ
			87	政府ホームページパフォーマンス	中国政府ウェブサイトパフォーマンス評価	中国ソフトウェア評価センターデータ
			88	コミュニティモデル衛生センター	全国模範地域衛生センター（箇所）	中国国家衛生和計画出産委員会データ

3. 経済

表6-5　指標解説：経済

大項目	中項目	小項目	ID	指標	使用データ名	データソース
経済	経済品質	経済規模	89	GDP 規模	GDP（万元）	中国都市統計年鑑
			90	GDP 成長率	GDP（万元）	中国都市統計年鑑
			91	常住人口規模	常住人口（万人）	各省統計年鑑、各都市統計年鑑、各都市国民経済和社会発展公報等
			92	常住人口増加率	常住人口（万人）	各省統計年鑑、各都市統計年鑑、各都市国民経済和社会発展公報等
		経済構造	93	第一次産業 GDP	第一次産業 GDP（万元）	中国都市統計年鑑
			94	第二次産業 GDP	第二次産業 GDP（万元）	中国都市統計年鑑
			95	第三次産業 GDP	第三次産業 GDP（万元）	中国都市統計年鑑
			96	上場企業	上場企業（社）	インターネットデータ
			97	サービス業就業者比率	第三次産業従業員（万人）、年末従業員（万人）	中国都市統計年鑑
			98	規模以上工業 GDP 比率	規模以上工業生産額（万元）、GDP（万元）	中国都市統計年鑑
		経済効率	99	1 万人当たり GDP	GDP（万元）、常住人口（万人）	中国都市統計年鑑、各省統計年鑑、各都市統計年鑑、各都市国民経済和社会発展公報等
			100	1 万人当たり財政収入	地方財政一般予算収入（万元）、常住人口（万人）	中国都市統計年鑑、各省統計年鑑、各都市統計年鑑、各都市国民経済和社会発展公報等
			101	建成区面積当たり GDP	GDP（万元）、建成区面積（km²）	衛星リモートセンシングデータ、中国都市統計年鑑、中国建築統計年鑑
			102	市轄区 GDP 比率	市轄区 GDP（万元）、全市 GDP（万元）	中国都市統計年鑑
			103	工業用地当たり第二次産業 GDP	第二次産業 GDP（万元）、工業用地面積（km²）	中国都市統計年鑑、中国建築統計年鑑
	発展活力	ビジネス環境	104	平均賃金	従業員平均賃金（元）	中国都市統計年鑑、各省統計年鑑、各都市統計年鑑等
			105	事業所向けサービス業従業員数	事業所向けサービス業（金融、不動産、賃貸、商業サービス、科学研究）従業員（万人）	中国都市統計年鑑
			106	ハイクラスホテル（4つ星、5つ星）	4つ星ホテル（軒）、5つ星ホテル（軒）	中国国家観光局、各省観光政務網データ
			107	1 万人当たり失業者数	登録失業者数（人）、常住人口（万人）	中国都市統計年鑑、各省統計年鑑、各都市統計年鑑、各都市国民経済和社会発展公報等
			108	財政収入税収比率	各項税収収入（万元）、地方財政一般予算収入（万元）	中国都市統計年鑑、各省統計年鑑、各都市統計年鑑、各都市国民経済和社会発展公報等
		開放度	109	人口流動	常住人口（万人）、戸籍人口（万人）	中国都市統計年鑑、各都市統計年鑑、各都市国民経済和社会発展公報等
			110	貨物輸出	貨物輸出額（万米ドル）	中国区域経済統計年鑑
			111	貨物輸入	貨物輸入額（万米ドル）	中国区域経済統計年鑑

図6-6　指標解説：経済

大項目	中項目	小項目	ID	指標	使用データ名	データソース
経済	発展活力	開放度	112	実行ベース外資導入額	実行ベース外資導入額（万元）	中国都市統計年鑑、各省統計年鑑、各都市統計年鑑等
			113	外資企業規模以上工業産出比率	外資系企業工業産出額（万元）、工業産出額（万元）	中国都市統計年鑑、各省統計年鑑、各都市統計年鑑等
			114	領事館・大使館	大使館領事館（箇所）	中国国家外国専門局データ、インターネットデータ
		イノベーション・起業	115	R&D 内部経費支出	R&D 内部経費支出（万元）	中国統計年鑑、中国都市統計年鑑、各都市統計年鑑、各省市 R&D 資源調査主要データ公報等
			116	R&D 人的資源	R&D 人員（人）	中国統計年鑑、中国都市統計年鑑、各都市統計年鑑、各省市 R&D 資源調査主要データ公報等
			117	特許取得数	特許取得数（件）	中国都市統計年鑑、各省統計年鑑、各都市統計年鑑等
			118	民間セクター従業者指数	民間セクター従業者（人）、常住人口（万人）	中国統計年鑑、中国都市統計年鑑、各都市統計年鑑、各都市国民経済和社会発展公報等
			119	知識産業都市認定指数	全国科学技術先端都市（都市）、国家知的財産模範都市（都市）	中国国家科学部、中国国家知的財産局データ
	都市影響	都市農村共生	120	都市農村住民収入比	都市住民 1 人当たりの可処分所得（元）、農村住民 1 人当たりの純収入（元）	中国地域経済統計年鑑、各省統計年鑑、中国都市統計年鑑等
			121	義務教育発展均衡都市認定指数	全国義務教育発展均衡都市（県）	中国国務院教育監督委員会データ
		広域インフラ	122	空港利便性	旅客乗降数（人）、郵便貨物取扱量（t）、フライト数（便）フライト定時運航率（%）、滑走路総延長（m）滑走路（本）、都心から空港までの距離（km）	衛星リモートセンシングデータ、民間航空局データ、インターネットデータ
			123	コンテナ港利便性	コンテナ取扱量（t）、都心から港までの距離（km）	衛星リモートセンシングデータ、中国交通運輸部、インターネットデータ
			124	高速道路	高速道路（本）	中国高速道路インターネットデータ
			125	高速鉄道 (G) 便数	高速鉄道 (G) 便数（便）	中国鉄道顧客サービスセンターデータ
			126	準高速鉄道 (D) 便数	準高速鉄道 (D) 便数（便）	中国鉄道顧客サービスセンターデータ
			127	普通列車便数	普通列車便数（便）	中国鉄道顧客サービスセンターデータ
		広域輻射力	128	卸売・小売輻射力	卸売・小売従業員（万人）、全体従業員（万人）	中国都市統計年鑑、各省統計年鑑等
			129	文化・スポーツ・娯楽輻射力	文化・スポーツ・娯楽従業員（万人）全体従業員（万人）	中国都市統計年鑑、各省統計年鑑等
			130	医療輻射力	医療業従業員（万人）、全体従業員（万人）、ハイクラス病院（軒）	中国都市統計年鑑、各省統計年鑑、インターネットデータ
			131	高等教育輻射力	高等教育従業員（万人）、全体従業員（万人）、985 大学（校）、211 大学（校）	中国都市統計年鑑、各省統計年鑑、中国教育部データ
			132	金融輻射力	金融業従業員（万人）、全体従業員（万人）、証券及び先物取引所（箇所）、年末金融機関人民元各項預金残高（万元）、年末金融機関各項貸付金残高（万元）	中国都市統計年鑑、各省統計年鑑、インターネットデータ
			133	科学技術輻射力	科学技術従業員（万人）、全体従業員（万人）、特許取得数（件）	中国都市統計年鑑、各省統計年鑑、各都市統計年鑑等

著者・編者・訳者紹介

中国国家発展改革委員会発展計画司〔局〕

中国の経済・社会政策全般の立案から指導までの責任を負う国務院（中央政府）の中核組織。政策立案および計画策定を担うと同時に、各産業の管理監督、インフラなど公共事業の許認可にも強い権限を持つ。国の経済政策を一手に握る職務的重要性から「小国務院」とも呼ばれ、同委員会の長（主任）は、国務院副総理や国務委員が兼任することも多い。同委員会の発展改革司は中国の「五カ年計画」の策定及び都市化政策を主管する部署である。

雲河都市研究院

雲河都市研究院は日本と中国双方に拠点を置く、都市を専門とする国際シンクタンクである。シンポジウムやセミナーの企画・開催を通して国際交流を推進し、調査研究、都市計画および産業計画をも手がける。

編著者／訳者

周牧之（東京経済大学教授／経済学博士）

1963年生まれ。中国機械工業部〔省〕、（財）日本開発構想研究所研究員、（財）国際開発センター主任研究員、東京経済大学助教授を経て、2007年より現職。財務省財務総合政策研究所客員研究員、ハーバード大学客員研究員、マサチューセッツ工科大学（MIT）客員教授、中国科学院特任教授を歴任。〔中国〕対外経済貿易大学客員教授、（一財）日本環境衛生センター客員研究員を兼任。

著書：『歩入雲時代』（2010年、人民出版社〔中国〕）、『中国経済論——崛起的机制与課題』（2008年、人民出版社〔中国〕）、『中国経済論——高度成長のメカニズムと課題』（2007年、日本経済評論社）、『メカトロニクス革命と新国際分業——現代世界経済におけるアジア工業化』（1997年、ミネルヴァ書房、第13回日本テレコム社会科学賞奨励賞を受賞）、『鼎——托起中国的大城市群』（2004年、世界知識出版社〔中国〕）。

編書：『中国城市総合発展指標2017』（2017年、人民出版社〔中国〕、徐林と共編著）、『中国未来三十年』（2011年、三聯書店〔香港〕、楊偉民と共編著）『第三個三十年——再度大転型的中国』（2010年、人民出版社〔中国〕、楊偉民と共編著）、『大転折——解読城市化与中国経済発展模式』（2005年、世界知識出版社〔中国〕）、『城市化——中国現代化的主旋律』（2001年、湖南人民出版社〔中国〕）。

編著者

徐林（中国城市和小城鎮改革発展センター主任／元中国国家発展改革委員会発展計画司司長／経済学修士／公共管理学修士）

1962年生まれ。南開大学大学院卒業後、中国国家計画委員会長期計画司に入省。アメリカン大学、シンガポール国立大学、ハーバード・ケネディスクールに留学した。中国国家発展改革委員会財政金融司長、同発展計画司司長を歴任。2017年より現職。中国「五カ年計画」の策定担当部門長を務め、地域発展計画と国家新型都市化計画、国家産業政策及び財政金融関連の重要改革法案の策定に参加、ならびに資本市場とくに債券市場の管理監督法案策定にも携わった。また、中国証券監督管理委員会発行審査委員会の委員に三度選ばれた。中国の世界貿易機関加盟にあたって産業政策と工業助成の交渉に参加した。

編書：『中国城市総合発展指標2017』（2017年、人民出版社〔中国〕、周牧之と共編著）。

本書は『中国城市綜合発展指标2016』（人民出版社、2016年11月刊）の日本訳版である。
本書の図表・地図は、原著掲載図版を用いた。

環境・社会・経済　**中国都市ランキング** —— 〈中国都市総合発展指標〉

2018年6月6日　　初版第1刷発行

編　者　　中国国家発展改革委員会発展計画司＋雲河都市研究院
編著者　　周牧之＋徐林
訳　者　　周牧之

発行者　　長谷部敏治
発行所　　NTT出版株式会社
　　　　　〒141-8654　東京都品川区上大崎3-1-1　JR東急目黒ビル
　　　　　営業担当 TEL 03（5434）1010／FAX 03（5434）1008
　　　　　編集担当 TEL 03（5434）1001
　　　　　URL　http://www.nttpub.co.jp

装丁　　　岩瀬聡
印刷・製本　シナノ印刷株式会社

© Zhou Muzhi　2018　Printed in Japan
ISBN 978-4-7571-2371-7 C0033
乱丁・落丁はお取り替えいたします。定価はカバーに表示してあります。